Les révélations mystiques reçoivent l'Imprimatur de l'Église quand elles sont jugées conformes à la doctrine et à la morale catholique. Un Imprimatur est le mot latin pour « qu'il soit imprimé ». Ces révélations sont destinées à combler les lacunes laissées dans la Bible à cause de la censure dans les premiers jours de la foi chrétienne et aussi en raison d'erreurs de traduction. Elles révèlent des choses qui sont arrivées comme elles se sont produites .Elles ne sont <u>pas</u> destinées à remplacer la Bible.

Dans cette série

La Pleine de Grâce: Les Premières Années

La Pleine de Grâce: Le Mérite

La Pleine de Grâce: la Passion de Joseph

La Pleine de Grâce : L'Ange Bleu

La Pleine de Grâce : L'Enfance de Jésus

Lamb Books

Adaptations illustrées pour toute la famille

LAMB BOOKS

Publié par le Lamb Books, 2 Dalkeith Court, 45 Vincent Street, London SW1P 4HH;

Royaume-Uni, USA, FR, IT, SP, DE

www.lambbooks.org

D'abord publié par Lamb Books 2013

Cette édition

001

Texte copyright @ Lamb Books Nominee 2013

Illustrations copyright @ Lamb Books, 2013

Le droit moral de l'auteur et l'illustrateur a été affirmé

Tous droits réservés

L'auteur et l'éditeur sont reconnaissants envers le Centro Editoriale Valtoriano en Italie pour avoir permis de citer le Poème de l'Homme-Dieu de Maria Valtorta, par Valtorta Publishing

Situé dans le style ancien Bookman

Imprimé en Grande-Bretagne par CPI Group (UK) Ltd, Croydon, CR0, 4YY

Sauf aux États-Unis, ce livre est vendu à la condition qu'il ne doit pas, par voie de commerce ou autrement, être prêté, revendu, loué ou autrement distribué sans le consentement préalable de l'éditeur, sous quelque forme que de la liaison ou de couvrir d'autres que celui dans lequel il est publié et sans condition similaire, y compris cette condition étant imposée à l'acquéreur subséquent

ISBN: 978-1-910201-33-6

La Pleine de Grâce

L'Ange Bleu

LAMBBOOKS

Remerciements

Le contenu de ce livre est une adaptation de la Ville Mystique de Dieu, par sœur Marie de Jésus d'Agreda, qui a reçu l'Imprimatur en 1949 et aussi du Poème de l'Homme Dieu (L'Evangile qui m'a été révélé), d'abord approuvée par le Pape Pie XII en 1948, lorsque lors d'une réunion le 26 Février 1948, vérifié par trois autres prêtres, il a ordonné aux trois prêtres présents de « publier ce travail tel quel ». En 1994, le Vatican a tenu compte des appels des chrétiens du monde entier et a commencé à examiner le cas pour la canonisation de Maria Valtorta (Little John).
Cela fait encore l'objet de nombreuses controverses, à la fois rationnelles et politiques, comme beaucoup de grandes œuvres. Cependant, la foi n'est ni soumise au rationalisme, ni à la politique.

Le Poème de l'Homme-Dieu a été décrit par le confesseur du pape Pie XII comme « édifiant ». Les révélations mystiques ont longtemps été la province des prêtres et des religieux. Maintenant, elles sont accessibles à tous. Que tous ceux qui lisent cette adaptation, qui fusionne des parties de la ville mystique de Dieu et du Poème de l'Homme-Dieu, la trouve aussi édifiante. Puisse, grâce à cette lumière, la foi être renouvelée.
Merci tout particulier au Centro Editoriale Valtortiano en

Italie pour nous avoir donné la permission de citer le Poème de l'Homme-Dieu de Maria Valtorta, surnommée Little John.

Parce que je n'ajoute pas de nouveaux éléments à ces histoires, j'ai choisi de rester anonyme.

"Du Sang et du Cœur Virginaux de Marie, le Cadeaux d'Amour Suprême : Jésus-l'Eucharistie."

Marie, le 4 Juin 1953

Travail d'Art par Susan Conroy.

L'Édit de Recensement **10**

Le Voyage à Bethléem **16**

La Naissance de Jésus **26**

L'Adoration des Bergers **38**

La Circoncision **51**

La Visite de Zachariah **59**

La Présentation de Jésus au Temple **68**

La Berceuse de Marie **76**

L'Adoration des Mages **82**

L'Édit de Recensement

Mary était assise dans sa pièce principale, travaillant sur des draps blancs mais la lumière verdâtre qui pénétrait par la porte du jardin devient sombre, alors Elle pose son travail et se lève pour allumer une lumière et fermer la porte.

Elle est maintenant très enceinte, avec un très gros ventre. Mais elle est toujours magnifique, aussi légère sur ses pieds qu'un papillon et pleine de dignité et de grâce.

Son visage a mûri de celui de la jeune fille innocente calme qu'Elle était au moment de l'Annonciation à celui d'une femme calme et doucement sulfureuse, qui a atteint sa complète perfection dans la maternité ; il est maintenant plus mince, ses yeux plus grands et plus réfléchis et c'est ce nouveau visage mince qu'elle gardera pour toujours, éternellement jeune ; qui ne connaitra jamais la vieillesse ou la corruption de la mort. D'ici 33 ans, quand son fils sera torturé et crucifié, sa tristesse va temporairement la faire paraître plus âgée, comme un voile jeté sur sa beauté incorruptible. Mais quand elle revoit son fils ressuscité, le voile de l'âge sera levé une fois pour toutes comme si quand elle embrasse ses blessures, elle boit un baume de jeunesse qui annule l'action du temps. Et alors une nouvelle fois, Elle devient la Mary fraiche et parfaite qu'Elle est maintenant, comme un ange ; qui ne vieillira jamais et reflètera à jamais la jeunesse éternelle et la présence éternelle de Dieu. Un Ange bleu.

Joseph, revenant d'une course, entre par la porte principale et Mary lève la tête et lui sourit gentiment. Joseph sourit aussi mais en dessous, il semble inquiet et Marie ressent cela et l'observe attentivement.

Elle se lève et prend le manteau de Joseph, le plie et le dépose sur un coffre. Joseph s'assoit à la table, y posant son coude et sa tête sur sa main. Distrait, il ébouriffe et peigne sa barbe avec sa main libre.

« Il y a-t-il quelque chose qui t'inquiète? » demande Mary « Je peux t'aider? »

« Tu me réconforte toujours Mary. Mais cette fois, j'ai un gros problème qui te concerne. »

« Moi, Joseph. Qu'est-ce que c'est? »

« Ils ont placardé un ordre officiel de Caesar Augustus sur la porte de la Synagogue qui ordonne le recensement de tous les Palestiniens. Tout le monde doit aller s'enregistrer dans son lieu d'origine et payer ses taxes locales. Nous devons aller à Bethlehem... »

« Oh! » S'exclame Mary, posant une main sur sa poitrine élargie.

"C'est un choc non ? Et un triste, je sais! »

« Non, Joseph. Ce n'est pas ça. Je pense...Je pense aux Saintes Écritures... qui disent "mais vous Bethléem, Ephrata, le dernier des clans de Juda, de vous naîtra le Souverain". Le souverain promis à de la Maison de David. Il va naître là... »

"Penses-tu... penses-tu qu'il est déjà temps?... oh ! Qu'allons-nous faire? » Demande Joseph dans la consternation, regardant Mary avec les yeux plein de pitié.

Réalisant à quel point cela devait être bouleversant pour Joseph, Mary souris de manière rassurante et dit « Je ne sais pas, Joseph. L'heure est proche pour moi, mais le Seigneur peut le retarder pour te soulager de ce souci. Il peut tout faire. N'ai pas peur »

« Mais le voyage!...Penses à la foule. Trouverons-nous un

logement ? Reviendrons-nous à temps ? Et si... Si Tu deviens mère là-bas, que ferons-nous ? Nous n'avons pas de maison là-bas... nous n'y connaissons plus personne.

"N'ai pas peur, tout ira bien. Dieu trouve refuge pour l'animal sur le point d'accoucher. Ne penses-tu pas qu'il en trouvera un pour son Messie ? N'avons-nous pas confiance en lui? Toujours... et le plus difficile est l'épreuve, plus grande est notre confiance. ...Il est notre guide et nous comptons entièrement sur lui... prends en considération comment il nous a conduits avec amour jusqu'alors...meilleur que même le meilleur des pères... nous sont ses enfants et ses serviteurs. Nous respectons sa volonté... cette ordre est sa volonté... et César est seulement un instrument de Dieu, qui a organisé des événements pour que son Christ puisse naître à Bethléem...
...Bethléem, la plus petite ville de Juda n'existait pas encore et sa gloire était déjà inscrite dans sa destiné...- et maintenant, alors que le monde est en paix, la gloire de Bethléem s'accomplira et la parole de Dieu se réalisera.

.. .si nous ne trouvons aucun logement, leurs ailes seront nos tentes. Aucun danger ne s'abattra sur nous. Cela ne se peut pas : Dieu est avec nous. »

Joseph se réjouit en l'écoutant et les rides sur son front s'adoucissent. Redynamisé, il sourit et dit « Tu es béni, soleil de mon âme ! Tu es bénie parce que tu vois tout à travers la grâce dont tu es emplie ! Ne perdons pas plus de temps.

Nous devons partir dès que possible afin de rentrer dès que possible, car ici, tout est prêt pour la... pour la... »

"Pour notre Fils Joseph. Ainsi, il doit être aux yeux du monde, ne l'oublie pas. Le Père a couvert sa venue d'un voile de mystère et nous ne devons pas soulever ce voile. Jésus le fera le moment venu... " Et le visage de Marie irradie de lumière, de beauté et de douceur quand Elle dit le nom de « Jésus ».

Et alors ils se mirent à faire les préparatifs de leur voyage à Bethléem, qui prendrait cinq jours. Ils préparèrent des légumes, des fruits et quelques poissons à emporter avec eux. Joseph sort trouver deux ânes pour le voyage, mais c'est une période très occupée pour l'ensemble de la Palestine et après beaucoup de demandes, il ne peut trouver qu'un petit âne. Marie, étant pleinement consciente des prophéties disant que le Rédempteur serait né à Bethléem, prend également avec elle quelques linges de maison et les vêtements nécessaires à la naissance. Après avoir convenu d'une date pour leur départ, ils laissent leur domicile à la charge d'un voisin et s'en vont pour Bethléem.

Le Voyage à Bethléem

C'est une calme journée d'hiver. Le ciel est clair et froid, net. Sur la route principale, il y a des ânes partout, lourdement chargés avec des gens et leurs biens, certains vont dans une direction, d'autres dans la direction opposée. Le gens stimulent leurs montures, essayant de se dépêcher, mais aussi pour se réchauffer.

Les vents hivernaux ont coupé l'herbe rase dans les pâturages et le pays nu vallonné ondulant dans tous les sens semble maintenant plus vaste. Les moutons dans les pâturages restent groupés pour se protéger du froid et alors qu'ils cherchent de l'herbe, ils regardent également l'horizon où soleil se lève lentement, levant leurs têtes et bêlant comme pour lui dire «vient vite, car il fait froid »

La route passe par le milieu de la vallée et des collines, allant vers le sud-est.
Marie est vêtue d'un voile blanc, une longue robe bleu foncé qui lui arrive aux pieds et elle est enveloppée dans un manteau lourd en laine bleu foncé, assise de côté sur un petit âne avec son petit coffre devant la selle.

Joseph tient les rênes et marche à ses côtés. Invisibles aux yeux humains, ils sont accompagnés, gardée et défendus sur tous les côtés par un escadron de dix mille anges assignés par Dieu lui-même, visibles à Marie dans leurs formes humaines, et beaucoup d'autres agissant comme ambassadeurs et messagers du Père éternel vers et à partir de son Fils unique, dans le ventre de sa mère.

Parce qu'ils ont l'air pauvres, ils sont maltraités et reçoivent un accueil médiocre dans les tavernes et les auberges où ils cherchent refuge au cours de leur voyage de cinq jours ; les gens sont souvent malpolis avec eux. Dans certains endroits, ils sont refoulés. Dans d'autres, on leur donne un petit coin dans le couloir ou pire. Mais partout où ils restent, les anges forment une cour impénétrable autour d'eux. Parce qu'ils sont si bien protégés, Marie demande souvent à Joseph d'essayer de prendre du repos et il le fait. Et chaque jour, ils se rapprochent de Bethléem.

« Es-tu fatiguée ? » Joseph demande de temps en temps alors qu'ils abordent la dernière étape de leur voyage.

« Non, je ne le suis pas » répond-elle à chaque fois. Et de temps en temps elle ajoute « tu dois être fatigué de marcher »

' Oh ! Moi ! Ce n'est rien pour moi... si j'avais trouvé un autre âne, vous auriez été plus à l'aise et nous voyagerions plus vite... Mais rassurez-vous... nous serons bientôt à Bethléem. Ephrata est au-delà de cette montagne. »

Ils voyagent sur en silence. Marie semble se concentrer dans la prière. De temps à autres, elle sourit légèrement à ses pensées. Elle regarde la foule, sans voir.

Le vent se lève.

'As-tu froid' demande Joseph.

« Non, merci ».

Joseph touche ses pieds, chaussés de sandales et caché sous sa robe longue. Il secoue la tête puis tire la couverture de ses épaules et l'étend sur ses jambes, enveloppant ses bras et ses pieds.

Ils continuent le voyage et rencontrent un berger menant son troupeau des pâtures sur le côté droit de la route à ceux qui sont sur la gauche. Joseph s'arrête et, se penchant, chuchote quelque chose au berger qui hoche la tête. Joseph mène alors l'âne aux pâtures derrière le berger.

Le berger trait un gros mouton avec les mamelles gonflées dans un bol de cours et le tend le bol à Joseph qui l'offre à Marie. « Que Dieu vous bénisse tous les deux! » s'exclame Marie 'toi pour votre amour et vous pour votre gentillesse. Je prierai pour vous. »

« Venez-vous de loin? », demande le berger.
« De Nazareth », répond Joseph.
« Et où allez-vous? » demande le berger à nouveau.
« À Bethléem. »
« Un long voyage pour une femme dans son état. Est-ce ta femme? »
« Oui, elle est. »
«Avez-vous un endroit où aller? »
« Non, nous n'avons pas ».

"C'est mauvais ! Bethléem est envahi par les gens qui viennent de partout pour s'y recenser, ou sont en route pour se recenser ailleurs. Je ne sais pas si vous trouverez un logement. Connaissez-vous l'endroit? » Demande le berger.

« Pas trop ».

« Eh bien...Je vais vous l'expliquer... pour Elle... ", ajoute-t-il, montrant Marie. « Trouver l'hôtel, mais il sera plein. Mais je vais vous dire tout de même, pour vous guider. C'est sur la plus grande place et cette route vous y mènera. C'est un bâtiment long et bas avec une très grande porte. Mais il sera complet... dit-il à nouveau. "...Si vous ne trouvez pas chambre à l'hôtel ou dans une des maisons, faire le tour à l'arrière de l'hôtel, vers le pays. Il y a certaines écuries dans les montagnes que les marchands utilisent parfois pour leurs animaux ; ils sont humides et froids, et il n'y a pas de portes. Mais ce sont des refuges parce que votre femme...Elle ne peut pas être laissée sur la route. Vous pouvez y trouver une chambre... Et du foin pour dormir et pour votre âne. Puisse Dieu vous guider »

« Et puisse Dieu vous donner la joie », dit Marie.
« Que la paix soit avec vous », dit Joseph.

Ils reprendre leur voyage et grimpent au sommet d'une colline d'où ils peuvent voir une vallée plus large avec les pentes alentours remplis de maisons. Bethléem.

Il est quatre heure le cinquième jour de leur voyage, un samedi, quand ils arrivent à Bethléem. Parce que c'est le solstice d'hiver, le soleil commence déjà à se coucher.

"Nous sommes ici dans la terre de David, Marie. Maintenant,

tu seras en mesure de se reposer. Tu as l'air si fatiguée... »

' Non. Je pensais... Je pense... » Marie prend la main de Joseph et dit avec un sourire béat « je pense vraiment que le moment est venu. »

« O Seigneur miséricordieux ! Qu'allons-nous faire? »
"N'ai pas peur Joseph. Sois tranquille. Tu vois comme je suis calme? »
« Mais tu dois souffrir beaucoup ».
' Oh ! Non. Je suis pleine de joie. Une joie si grande, si belle et si irrépressible que mon cœur est bat et bat et à me chuchote : « il vient ! Il vient ! À chaque battement de cœur. C'est mon Enfant qui frappe à mon cœur et me dit « Mère, je suis ici et je viens te donner le baiser de Dieu ». Oh ! Quelle joie mon cher Joseph! »

Mais Joseph n'est pas joyeux... il pense à la nécessité urgente de trouver un abri et accélère son pas. Il va de porte en porte demander une chambre mais elles sont toutes prises. Ils frappent aux portes de vieux amis, d'amis d'amis, de tous les membres de leurs famille et de parfaits étrangers mais partout où ils vont, il n'y a pas de place. Dans certains cas, ils reçoivent des mots durs. D'autres leur ferment simplement la porte au nez. Et pendant tout ce temps, Marie, lourdement enceinte et entourée d'un escadron de dix mille anges et messagers, suit Joseph alors qu'ils vont de maison en maison et frappent de porte en porte. Dans leur recherche, ils passent par le registre public où ils écrivent leurs noms et paient leurs impôts.

Ils arrivent à l'hôtel, mais le trouvent si plein que même les porches extérieurs sont envahis par les campeurs.

Joseph laisse Marie sur l'âne à l'intérieur de la Cour et va à la recherche d'une chambre dans les autres maisons, mais revient découragé. Le crépuscule d'hiver commence à répandre ses ombres.

Joseph implore l'hôtelier
Il implore des voyageurs.
Il fait remarquer qu'ils sont tous des hommes en bonne santé. Qu'il y a une femme sur le point de donner naissance à un enfant.
Il les supplie d'avoir pitié.
Rien.

Il est neuf heures quand Joseph revient à Marie avec beaucoup de chagrin. En tout, ils ont supplié à cinquante endroits différents, été rejetées et renvoyés de tous.
Un riche pharisien les regarde avec mépris et quand Marie s'approche, il fait un pas de côté, l'évitant comme il le ferait avec un lépreux.
Joseph regarde le pharisien et rougit avec dédain. Marie pose sa main sur son poignet 'n'insiste pas" dit-elle calmement " laisse-nous aller. Dieu pourvoira. »

Les anges sont étonnés par la méchanceté des hommes et encore plus emplis d'admiration pour la patience et la douceur de la tendre modeste vierge exposée dans son état à son âge au regard public. C'est à partir de ce moment que Dieu commence à honorer la pauvreté et l'humilité parmi les hommes.

Ils vont dehors et de l'autre côté du mur de l'hôtel, dans une rue étroite entre l'hôtel et quelques maisons pauvres, puis jusqu'à l'arrière de l'hôtel où ils recherchent les écuries. Ils trouvent quelques grottes basses et humides qui ressemblent plus à des caves, mais les meilleurs sont toutes prises.

' Eh ! Galiléen! » Crie un vieil homme ' là-bas à la fin, sous ces ruines, il y a un terrier. Il est peut-être libre "

Ils se dépêchent jusqu'à la tanière, qui est à l'extérieur des remparts et trouver un trou dans les ruines d'un vieux bâtiment qui mène à une excavation dans la montagne ; C'est dans les fondations de l'ancien bâtiment. Le toit est tenu avec des troncs d'arbres bruts, et il n'y a pratiquement aucune lumière.
Joseph sort du petit bois et du silex et allume une lampe de son sac à dos.
Lorsqu'il pénètre dans le trou, il est accueilli par le soufflet d'un bœuf.
« Rentre Marie », dit Joseph en souriant. "Il n'y a qu'un bœuf...C'est mieux que rien! »
Marie descend de l'âne et entre.
Joseph accroche la lampe à un clou dans l'un des troncs d'appui. Il y a des toiles d'araignées partout. La terre tassée délabrée est jonchée d'ordures, de trous, d'excréments et de paille. À l'arrière, un bœuf, de la paille pendant de sa bouche, tourne la tête et regarde vaguement avec de grands yeux calmes.
Il y a un siège grossier avec deux grosses pierres dans un coin près du trou, noircis par la suie.

Marie a froid. Elle s'approche du bœuf et place ses mains sur son cou. Le bœuf semble comprendre et il souffle, mais il ne bouge pas.
Le bœuf mange du foin du niveau inférieur d'une mangeoire à deux niveaux. Et lorsque Joseph pousse doucement le

bœuf de côté pour prendre du foin de la rangée supérieure pour faire un lit pour Marie, le bœuf reste calme et tranquille.

Puis le bœuf fait de la place pour le petit âne qui, fatigué et affamé comme il l'est, commence tout de suite à manger. Joseph trouve un vieux seau posé à l'envers et l'utilise pour aller chercher de l'eau dans un ruisseau à l'extérieur pour l'âne.

Puis, il trouve un tas de brindilles dans un coin et les utilise pour balayer le sol. Ensuite, il étale le foin pour faire un lit près du bœuf, dans le coin abrité et sec. Il trouve ensuite que le foin est humide alors il soupire, allume un feu et avec la patience de Job, sèche le foin, une poignée à la fois, en le tenant près du feu.

Marie, fatiguée, est assis sur le tabouret. Elle regarde et sourit.

Lorsque le foin est sec Elle s'y déplace et s'assied plus confortablement sur le foin doux, avec son dos contre l'un des troncs d'appui. Joseph accroche son manteau comme un rideau devant le trou qui sert de porte. Il offre ensuite du pain et du fromage à Marie et un peu d'eau d'une flasque.

« Dors maintenant » dit-il ' je vais m'asseoir et regarder le feu... il y a heureusement un peu de bois. Espérons qu'il brûlera et durera pour que nous puissions économiser l'huile de la lampe. »

Marie s'allonge docilement et Joseph la couvre avec son manteau et la couverture.

« Qu'en est-il de toi... tu vas avoir froid. »

« Non, Marie. Je serai près du feu. Essayes de te reposer maintenant. Les choses iront mieux demain. "

Marie, ferme ses yeux.

Joseph s'assoit sur un tabouret près du feu avec quelques branches -très peu- près de lui.

Marie dort sur le côté droit, dos à la porte, à demi caché par le tronc de l'arbre et le bœuf, maintenant couché sur sa litière.

Joseph est près de la porte, sur le côté gauche, face au feu, le dos tourné à Marie.

De temps à autres, il se retourne pour veiller sur elle et la voit couchée tranquillement, peut-être endormie.

Il brise les branches sans bruit, une à la fois et les jette sur le feu pour les faire durer et pour la lumière et la chaleur. La lampe n'est pas éteinte et il y a seulement la faible lueur du feu qui devient parfois plus, parfois moins brillante. Dans la semi-obscurité, seule la blancheur du bœuf et des mains et du visage de Joseph est visible.

La Naissance de Jésus

Marie se réveille et regarde là où Joseph est assis sur le tabouret près du feu mourant, sa tête penchée sur sa poitrine, somnolant. Elle lui sourit, se redresse puis s'agenouille et commence à prier avec les bras tendus, presque dans la forme d'une croix, mais légèrement vers l'avant, paumes vers le haut, son visage en extase. Elle reste dans cette position pendant un certain temps, puis elle se prosterne, avec son visage contre le foin, dans une prière encore plus ardente.

Joseph se redresse et jette une poignée de très mince bruyère sur le feu, ravivant les flammes auxquelles il ajoute quelques branches et brindilles. C'est une nuit du milieu de l'hiver, très froide et il est près de minuit, toujours plus froid à cause du froid qui s'infiltre dans les ruines désertes à l'extérieur de leur grotte.
Près de la porte où il siège, Joseph doit prendre le pire du froid, et il réchauffe tout d'abord ses mains au-dessus du feu puis enlève ses sandales et réchauffe ses pieds.
Puis il regarde vers le coin de Marie, mais il ne voit rien, pas même son voile blanc sur le foin. Il se lève et se dirige vers la litière.

‘ Tu ne dors pas, Marie', demande-t-il, mais Marie ne

l'entend pas. Il demande une deuxième, puis une troisième fois avant qu'elle se retourne et réponde « Je prie. »

« As-tu besoin de quoi que ce soit? »
« Non, Joseph. »
' Essaies de dormir un peu. Essaies au moins de te reposer. "
"Je vais essayer. Mais je ne me lasse pas de prier. »
« Dieu soit avec toi, Marie. »
« Et avec toi, Joseph. »

Marie se prosterne à nouveau comme avant, et Joseph se mets sur les genoux devant le feu et prie avec ses mains sur le visage. De temps en temps, il les enlève pour alimenter le feu puis reprend son ardente prière. La grotte est maintenant silencieuse, à part pour le crépitement du feu et le trépignement occasionnel des sabots de l'âne. Joseph, toujours agenouillé près du feu avec ses mains lui couvrant le visage, devient ravi et entre en extase.

Une fine lueur argentée surnaturelle s'insinue par une fissure dans la voûte, étendant sa lame pendant que la lune s'élève dans le ciel. Lorsqu'elle atteint Marie, elle forme un halo de lumière pure sur sa tête. Il est heures dans la nuit de samedi.

Marie entend un fort appel du Très-Haut, lève sa tête, puis elle se remet à genoux à nouveau. Puis Elle soulève sa tête et son visage brille dans la lumière blanche de la lune, devenant transfigurée, avec un sourire sur son visage ; Elle est en extase. Dans son extase, elle est informée que le moment de la naissance est arrivé et toutes les connaissances sur la divinité et l'humanité de son fils, qu'elle a déjà reçue avant pendant les neuf mois de sa grossesse, sont renouvelés. Puis elle reçoit de nouvelles connaissances sur la façon dont la naissance va se dérouler, et de nouvelles lumière et grâce sur la façon de procéder dignement au service et au culte de son Fils ; le Tout-Puissant lui ordonne de le traiter comme le fils du Père éternel et en même temps comme le fils de son ventre.

Et la lumière autour d'elle devient de plus en plus lumineuse alors que les anges se rendre visibles dans leur lumière blanc perle, se préparant à la naissance du Fils de Dieu. Mais une partie de la lumière vient du paradis lui-même, peut-être du trône de sa Majesté-même, devant qui elle s'agenouille en extase, et aussi des anges messagers.
Mais la lumière la plus brillante de toutes semble provenir de l'intérieur d'Elle.
Sa robe bleu foncée maintenant inondée de lumière blanche brillante semble maintenant du bleu pâle des Myosotis.

Ses mains et son visage sont bleu clair comme sous l'éclat d'un énorme saphir pâle.

Et puis la teinte bleue clair se propage sur les choses autour d'elle, les recouvrant, purifiant et éclaircissant tout comme si le paradis lui-même été descendu dans la petite grotte.

Elle est en extase pendant une heure et au moment où en sort, elle perçoit et voit que son fils a commencé à se déplacer et à se libérer du ventre de sa mère, mais il n'y a pas de contractions et elle ne ressent aucune douleur, seulement une joie heureuse et un plaisir qui élève son âme à des hauteurs qui dépassent de loin n'importe quel extase qu'elle ait connu jusqu'à présent, alors elle ne semble plus tout à fait humaine mais entièrement spiritualisé.

La lumière émise par le corps de Marie devient plus forte, absorbant la lumière de la lune et la lumière descendant du paradis pour que Marie devienne le dépositaire de toute la lumière. C'est la lumière qu'elle s'apprête à donner au monde ; la lumière divine bienheureuse, irrépressible, indéfinissable et éternelle. Tout d'abord, une étoile du matin se lève. Puis un chœur de points lumineux monte comme une marée, puis plus comme de l'encens. Et puis ils descendent comme un vaste flot et puis s'étirent comme un voile...

La voûte de la grotte qui était pleine de trous et de toiles d'araignée, de moellons saillants précairement équilibré, sombres, enfumés et pleins de bouse prend désormais l'apparence d'une salle royale ; chaque bloc est maintenant un bloc d'argent, chacun fissure un flash opale, chaque toile d'araignée un dais précieux entrelacé avec de l'argent et des

diamants. Un énorme lézard vert hibernant entre deux pierres ressemble maintenant à un bijou d'émeraude oublié là par une reine. Un groupe de chauves-souris hibernantes sont maintenant un précieux lustre d'onyx. Le foin de la mangeoire supérieure, sont maintenant de purs fils argent frémissants dans l'air avec la grâce de cheveux dénoués.
Le bois foncé de la mangeoire inférieure est maintenant un bloc d'argent bruni. Les murs sont recouverts d'un brocart dans lequel la soie blanche disparaît sous la broderie perlée du relief et la terre sur le sol est un cristal éclairé par une lumière blanche, les saillies comme les roses jetées en hommage, les trous, de précieux gobelets remplis de parfums et de senteurs qui montent et remplissent la salle.

Et la lumière continue de devenir encore plus lumineuse. Maintenant, elle est si brillante que c'est insupportable pour les yeux et Marie disparaît dans la lumière comme si elle a avait été absorbée par un rideau incandescent...

Au sein de ce rideau de lumière, les archanges, Michael et Gabriel s'avancent et, se tenant à une distance respectueuse de là où Marie est toujours à genoux, ils aident à la naissance du Christ ; le verbe incarné pénètre les parois de l'utérus par la puissance divine, laissant l'intégrité virginale intact, émettant de suite glorieuse, sur le coup de la transformation de minuit en dimanche matin, comme une lumière blanche incandescente, entièrement transfigurée comme de nombreuses années plus tard, il sera sur le Mont Thabor. Aujourd'hui, sa transfiguration est pour Marie, pour qu'elle puisse voir son fils, Homme-Dieu, dans sa gloire afin qu'elle comprenne le respect qui lui est dû, qu'elle doit traiter comme un fils et aussi comme une récompense pour son amour et sa loyauté ; pour ses yeux purs et chastes qui se détournent de toutes les choses terrestres pour l'amour de son Fils très Saint. Il est reçu avec respect dans les bras attendant des deux princes angéliques, où la mère et le fils se regardent mutuellement pour la première fois, et dans ce premier coup d'œil, Marie blesse avec amour, le cœur de son fils.

Puis des bras des anges et encore transfiguré, l'enfant Jésus parle à sa mère :

« Mère, devient semblable à moi, étant donné que ce jour, pour l'existence humaine que tu m'as aujourd'hui donnée, je vais te donner une autre existence plus exaltée dans la grâce, absorbant Ton existence comme une simple créature à mon image, Moi qui suis Dieu et Homme. »

Et la mère de Dieu répond '**Trahe me post Te, curremus dans odorem unguentorum tuorum.** " ("Elève moi, Seigneur, et je courrai après toi dans l'odeur de tes onguents").

Et puis Marie perçoit la présence de la Sainte Trinité dans la grotte et entend la voix du Père éternel disant **« C'est mon fils bien-aimé, en qui je suis réjoui et très heureux »**, comme il le dira à nouveau lors de son baptême et sur le Mont Thabor.

Puis Marie formule cette demande :

« Père éternel et Dieu exalté, Seigneur et créateur de l'univers, donnez-moi à nouveau la permission et la bénédiction de recevoir dans mes bras le désiré des nations et apprends-moi à m'acquitter en tant que ta mère indigne et humble esclave, ta Sainte volonté. »

Et le Père éternel répond :

«Reçois ton fils unique, imites le et suis le. Et n'oublies pas que tu dois le sacrifier quand je l'exigerai de toi"

« Voici la créature de vos mains ; ornent moi de ta grâce pour que ton fils et mon Dieu puissent me recevoir comme son esclave. Et si tu vas venir à mon secours avec ta toute-puissance, je serai fidèle à son service ; et ne le considérerai pas présomptueux de ton insignifiante créature qu'elle porte dans ses bras et nourrit à son sein, son propre Seigneur et créateur. »

Après cet échange, le divin enfant suspend sa transfiguration, de suspendant et de limitant les effets de sa gloire uniquement à son âme et prend maintenant l'apparence d'un capable de souffrir. Sous cette forme, Marie, toujours à genoux, l'adore et le reçoit alors dans ses bras depuis les bras des anges.

« Mon amour le plus doux, lumière de mes yeux et de mon âme », dit Marie pour à fils "tu arrivez de bonne heure dans ce monde comme le soleil de justice, pour dissiper les ténèbres du péché et de la mort ! Vrai Dieu du vrai Dieu, sauve tes serviteurs et laisses tous ceux qui cherchent le Salut venir à toi. Reçois-moi comme ton esclave, renforce mes faiblesses, afin que je puisse te servir comme je le dois. Rends-moi, mon fils, comme te le souhaites, à ton service. »

Puis Marie offre son fils au Père éternel en disant ' créateur exalté de tout l'univers, voici l'autel et le sacrifice acceptable à tes yeux. A partir de cet instant, Ô Seigneur, regarde la race humaine avec miséricorde et, autant que nous ayons mérité ta colère, il est maintenant temps que tu sois apaisé dans ton fils et le mien. Laisse maintenant ta justice se reposer et ta miséricorde être exalté ; pour sur ce compte le mot s'est revêtu de chair pécheresse et est devenu un frère des mortels et des pécheurs. À ce titre, je les reconnais comme des frères et j'intercède pour eux du plus profond de mon âme. Toi, Seigneur, as fait de moi la mère de votre Unique Fils sans mon mérite, puisque cette dignité est au-dessus de tout mérite d'une créature ; mais je dois en partie aux hommes l'occasion de cette bonne fortune incomparable car c'est sur leur compte que je suis la mère du verbe fait homme et Rédempteur de tous. Je ne leur refuserai pas mon amour ni de démettrai mes soins et ma vigilance pour leur salut. Reçois, Dieu éternel, mes vœux et pétitions pour ce qui est conforme à ton plaisir et ta bonne volonté »

Puis la mère de Dieu bénit tous les hommes en disant ' soyez consolés vous, affligés, réjouissez vos cœurs brisés, lasses, reposez-vous. Laissez le juste être heureux, et les saints réjouis. Que les anges se réjouissent et les prophètes et les patriarches des limbes dessiner de nouveaux espoirs et laissez toutes les générations louer et exalter le Seigneur, qui renouvelle son émerveillement. Venez, pauvres,... vous, les plus petits, sans crainte, car dans mes bras je porte le Lion devenu agneau, le tout-puissant devenu faible, l'invincible subjugué. Venez dessiner la vie, hâtez-vous d'obtenir le Salut, approchez-vous pour obtenir le repos éternel, puisque j'ai tout cela pour tous, et cela vous sera donné librement et sans envie. Ne soyez pas lent et lourd de cœur, vous les fils des hommes ; et vous, Ô douce joie de mon âme, donnez-moi la permission de recevoir de vous ce baiser désiré par toutes les créatures. »

.. .lorsque la lumière redevient supportable, Marie tient son fils nouveau-né dans ses bras. Un petit bébé rose prune. Très animé avec des petites mains comme des boutons de roses et donnant des coups de pied avec des pieds minuscules qui peuvent tenir dans le creux d'un cœur de rose. Le bébé cri d'une petite voix tremblante comme un agneau nouveau-né, ouvrant sa jolie petite bouche comme une fraise des bois et montrant une petite languette qui tremble contre le palet rose de sa bouche. Et, dans le creux de la main de sa maman, il bouge sa tête ronde, qui est si blonde qu'elle semble dénuée de cheveux. Marie se penche sur son bébé et l'adore, pleurant et souriant en même temps.

Puis elle se penche vers l'avant pour l'embrasser sur le centre de sa poitrine où, dessous, son petit cœur bat pour l'humanité qu'il est venu sauver... et où, un jour, il sera percé par une lance. Et il semble que, avec son baiser immaculé, elle guérisse la plaie bien à l'avance.

Et parce que la Sainte Trinité elle-même a assisté à la naissance, le paradis est vidé de ses anges et ils s'avancent maintenant et adorent leur créateur dans son costume de pèlerin. Et sans cesse, ils chantent **« *Gloria in excelsis Deo, et in terra pax hominibus bonae voluntatis* »** dans les harmonies plus douces.

Le bœuf, réveillé par la lumière éblouissante, se relève maintenant avec un grand martellement de sabots et souffle, l'âne tourne la tête et brait, reconnaissant et adorant le fils de Dieu, détourné et non reconnu par les hommes.

Joseph a été enchanté et maintenant il vient vers et voit un étrange filtre de lumière à travers ses doigts qu'il tient proche de son visage. Il enlève ses mains de son visage, se lève et se retourne mais Marie est cachée derrière le bœuf qui se tient debout pour donner de la chaleur au bébé mais Marie l'appelle « viens, Joseph. »

Joseph se précipite vers elle, mais quand il voit, il s'arrête, frappé de révérence et il est sur le point de tomber à genoux, là où il se trouve mais Marie insiste « viens Joseph » Elle appelle à nouveau, penché sur le foin avec sa main gauche et tenant le bébé près de son cœur avec la main droite...Puis elle se lève et se dirige vers Joseph qui marche, s'arrêtant, vers eux, déchiré par son désir de le voir et son désir de le vénérer.

Ils se rejoignent au pied du lit de paille et ils se regardent l'un l'autre, pleurant et souriant béatement.

« Viens, laisse-nous vous offrir Jésus au Père », dit Marie. Joseph s'agenouille alors que Marie se tient debout entre deux des troncs d'appui. Elle soulève Jésus dans ses bras et dit "je suis ici, en son nom, Ô Dieu, je dis ces mots pour toi : me voici pour faire votre volonté. Et moi, Marie, et mon conjoint, Joseph, avec Lui. Voici tes serviteurs, Ô Seigneur. Puissions-nous toujours faire ta volonté à chaque heure, en tous cas, pour ta gloire et ton amour. »

Puis Marie se penche « Tiens Joseph, prends-le» dit-elle en lui offrant le bébé.
« Quoi ! Moi ? ....Moi ? ......Oh, non ! Je n'en suis pas digne!» Joseph est tout à fait stupéfait à l'idée de toucher Dieu.
« Tu en es digne » Marie insiste "nul n'est plus digne que toi. C'est pourquoi le très-haut t'a choisi. Emmène-le, Joseph et tiens-le pendant que je cherche les linges. »

Joseph, virant au pourpre, étire ses bras et reçoit le bébé, qui hurle à cause du froid. Lorsque Joseph reçoit le bébé dans ses bras, il ne persiste plus dans son intention de tenir le bébé loin de lui par respect mais l'appuie contre son cœur et éclate en sanglots en s'exclamant « Oh ! Seigneur ! Mon Dieu! » Et se penche pour embrasser ses pieds minuscules... et trouve qu'ils sont froids.

Il s'assoit sur le sol en le tenant près de sa poitrine, puis il utilise ses mains et sa tunique brune pour couvrir et réchauffer le bébé et le protéger du froid et du vent mordants de la nuit profonde d'hiver. Il considère de se rapprocher du foyer, mais il y a un tirant d'air froid qui entre par la porte. Alors il va entre le bœuf et l'âne pour la protection et la chaleur, dos à la porte, se penchant sur le bébé pour former avec son propre corps un abri, fermé sur trois côtés ; sur un côté, l'âne avec sa tête grise et ses longues oreilles, d'un autre le bœuf avec son énorme bouche blanche, son nez fumant et ses deux yeux doux.

Marie apporte les draps et les vêtements de langes qu'elle a pris dans son coffre et réchauffés près le feu et enveloppe le bébé dans le linge chaud puis utilise son voile pour protéger sa petite tête.
« Où allons-nous le mettre maintenant », demande-t-elle. Joseph regarde autour de lui, pensant... "Attends..." dit-il, "... Déplaçons les animaux et leur foin là-bas. Puis nous allons prendre le foin là-haut et l'arranger ici. Le bois sur le côté le protégera de l'air, le foin servira d'oreiller et le bœuf le réchauffera un peu avec son souffle. Le bœuf, parce qu'il est plus patient et plus silencieux que l'âne. » Et se mettent à réorganiser la grotte.

Marie berce le bébé, le tenant près de son cœur et posant sa joue sur sa tête minuscule pour le réchauffer.

Joseph refait le feu, sans économie cette fois-ci, et assèche le foin dans le brasier, une poignée à la fois, tenant le foin séché près de sa poitrine pour le garder au chaud. Lorsqu'il dispose d'assez pour un matelas, il va à la crèche et l'arrange comme un berceau. « C'est prêt », dit-il ' maintenant, il lui faudra une couverture car le foin pique et aussi pour le couvrir.
« Prend mon manteau », dit Marie
« Tu vas avoir froid »
' Oh ! Ça ne fait rien ! La couverture est trop grossière. Le manteau est doux et chaud. Je n'ai pas du tout froid. Ne le laisse pas souffrir plus longtemps! "

Joseph prend le manteau doux en laine bleu foncé, le plie en deux et le dépose sur le foin, laissant une bande suspendue hors de la crèche.
Un premier lit est maintenant prêt pour notre Rédempteur. Marie, avec sa douce démarche gracieuse, vient à la crèche, le dépose dedans et le couvre avec la bande qui pend. Elle l'arrange autour de sa petite tête seulement protégés du foin par son voile mince. Seulement son petit visage, de la taille du poing d'un homme, reste non couvert. Marie et Joseph se penchent sur la crèche, béatement heureux, et le regardez dormir de son premier sommeil, apaisé maintenant par la chaleur des vêtements et du foin.

L'Adoration des Bergers

Lorsque les anges sont tous venus devant lui et ont adoré le Sauveur nouveau-née, certains d'entre eux sont immédiatement envoyés pour porter la bonne nouvelle à différents endroits; l'archange Michael porte un message spécial de Marie à ses parents, Anne et Joachim, dans les limbes, où, ainsi que les patriarches, les prophètes, les saints et les justes, ils attendent la rédemption qui leur ouvrira les portes du paradis. Pour Anne et Joachim, l'archange Michael les félicite que leur fille porte désormais celui qu'ils ont tant attendu, et pour les prophètes et les patriarches, il leur apporte la bonne nouvelle de l'accomplissement de ce qui avait été annoncé il y a longtemps et qu'ils ont attendu au cours de leur long bannissement. Il y a beaucoup de joie et de chants dans la reconnaissance et la louange du Dieu-Homme.

Un autre ange va à Elizabeth et son fils, et même s'il n'est âgé que de six mois, il a été préalablement sanctifié lorsque le Seigneur, encore dans le ventre de sa mère, leur a rendu visite. Ils s'inclinent dans l'adoration du Roi Nouveau-Né et envoient une réponse par l'intermédiaire de l'ange demandant que Marie adore son fils en leur nom.

Un autre ange est envoyé à divers coins de la terre pour porter la nouvelle à ceux pour qui c'est le plaisir de Dieu d'informer ; Asie méridionale - Turquie, Afghanistan et Perse d'aujourd'hui -vers les montagnes mongoles et à la région où les eaux du Nil commencent.

De retour à Bethléem, c'est une nuit calme et la lune à son point culminant, vogue sans à-coup à travers un ciel bleu foncé bondé avec des stars comme crampons de diamant. Des lots de lumière descendent du grand visage blanc de la lune sur le vaste pays en-dessous, ce qui rend le blanc de la terre et les arbres stériles plus grands et plus sombres sur fond si blanc. Et les murets montant çà et là le long des frontières semblent blancs comme le lait, une petite maison au loin semble un bloc de marbre de Carrare. À l'intérieur d'une enceinte à quatre côtés, faite à moitié d'une haie de buisson d'épine et à moitié d'un muret grossier, il y a un hangar large et bas, en partie maçonné, en partie en bois convertible ; peut-être convertible en un porche pendant les mois d'été.

De l'intérieur de l'abri peuvent être entendu de courts bêlements intermittents de petit mouton qui rêve ou qui sent l'approche de l'aube en raison de la brillante lumière de la lune. Le clair de lune devient plus fort, comme si la lune naviguait en se rapprochant de la terre ou peut-être éclairé par un feu mystérieux.

De la porte du hangar, un berger regarde dehors et vers le haut, protégeant ses yeux avec ses mains de la lumière aveuglante de la lune d'une brillance improbable qui semble plus brillante encore parce qu'elle vient d'apparaître dans l'obscurité. Surpris par la luminosité de la lune, le berger demande à ses compagnons ; un groupe d'hommes velus d'âges variés ; certains grisonnant, d'autres adolescents ou plus jeunes encore. Ils se pressent à la porte et commentent l'étrangeté de la lune. Levi, âgé de douze ans, commence à pleurer et les plus vieux bergers se moquent de lui.

« De quoi as-tu, imbécile? » dit Elias, le plus vieux. « Ne vois-tu pas que l'air est très calme ? N'as-tu jamais vu un clair de lune avant ? Tu as été lié aux jupons de ta mère vous n'est-ce pas ? Mais il y a tant à voir pour toi... une fois, je suis allé aussi loin que les montagnes du Liban... encore plus loin. Très haut. J'étais jeune et marcher était bon... et j'étai riche à l'époque... une nuit, j'ai vu une lumière si brillante, je pensais qu'Elijah revenait sur son char de feu. Et un vieil homme - il était le vieil homme à l'époque - m'a dit « une grande aventure est sur le point d'avoir lieu dans le monde ». Cela s'est avéré être une grande mésaventure parce que les soldats romains sont venus. Oh ! Tu verras beaucoup de choses... Si tu vis assez longtemps. »

Mais Levi n'écoute plus... et il n'a plus peur. De sa cachette derrière les épaules d'un gardien de troupeau musclé, Levi quitte le seuil et sort sur la crête herbeuse devant l'abri, regardant en l'air et marchant comme si hypnotisé. Ensuite, il crie « Oh! » et s'arrête, figé, avec ses bras légèrement tendus. Ses compagnons se regardent les uns les autres, sans voix. 'Quel est le problème avec le fou' se moque l'un d'eux.

« Je le renverrai à sa mère demain. Je ne veux pas de fous gardant les moutons », dit un autre.

« Allons voir avant de le juger », dit Elias. "Réveiller les autres et apporter vos bâtons. Ce pourrait être un animal sauvage ou un voleur... »

Ils vont chercher les autres bergers et rejoignent Levi, avec des torches et des gourdins.

« Là, là... » Murmure Levi, souriant. "...Au-dessus de l'arbre... Regardez la lumière qui vient. Elle semble descendre sur un rayon de la lune. La voilà, qui vient plus près. Comme c'est beau! »

« Je ne vois qu'une lumière plutôt forte. »

« Moi aussi. »

«Moi aussi» disent les autres.

« Non, je peux voir quelque qui ressemble à un corps », dit Elias.

"C'est... c'est un ange ' crie Levi. "Le voici. Il descend... il se rapproche...Baissez-vous ! Agenouillez-vous devant l'ange de Dieu! »

« OOOOh! » Crient les bergers en vénération et tombent faces à terre, les plus âgés plus écrasés par l'apparition lumineuse. Les plus jeunes restent à genoux, regardant l'ange alors qu'il se rapproche de plus en plus près et puis s'arrête en l'air, planant au-dessus du mur de l'enceinte ; un éclat nacré dans le clair de lune blanche, agitant ses grandes ailes.

"N'ayez pas peur ! Je vous apporte de bonnes nouvelles. Je vous annonce une grande joie pour le peuple d'Israël et du monde entier ", dit l'ange d'une voix comme l'harmonie d'une harpe et le chant des rossignols... ' Aujourd'hui, dans la cité de David, le Sauveur est né..." dit l'ange, étalant joyeusement ses ailes de plus en plus largement, alors que des étincelles et des pierres précieuses s'en échappent dans un triomphal arc-en-ciel au-dessus du hangar.
".. .Le Sauveur, qui est le Christ, » dit l'ange alors qu'il brille plus fort, ses ailes maintenant immobiles et pointant vers le haut comme deux voiles sur des flammes montant au Paradis.

'...Christ, le Seigneur! » Finit l'ange, repliant ses ailes étincelantes sur son corps, s'enveloppant lui-même avec elles comme avec un manteau de diamants sur une robe de perles. Et il s'incline en adoration, ses bras croisés sur sa poitrine, sa tête penché, disparaissant à l'ombre des sommets de ses ailes repliées, et il reste immobile, une lumineuse forme oblongue pendant quelques instants.

Puis il s'agite, déploie ses ailes à nouveau, relève sa tête et avec un sourire céleste dit ' vous le trouverez dans une pauvre étable, derrière Bethléem ; un bébé emmailloté, dans une mangeoire pour animaux... " et l'ange devient grave "...parce qu'aucun toit n'a été trouvée pour le Messie dans la cité de David" termine-t-il tristement.

Et puis une échelle d'anges apparaît, descendant du ciel, se réjouissant. Et leur luminosité céleste juge le clair de lune. Ils se regroupent autour de l'ange annonciateur, battant leurs ailes, exhalant des parfums, jouant des notes de musique qui élèvent les plus belles voix de la création en une perfection uniforme, pour donner à l'homme un soupçon de la beauté de Dieu, du paradis...

Et la luminosité des anges se répand dans la campagne tranquille dans des cercles de plus larges en plus larges. Et les oiseaux, dans la lumière matinale, se joignent au chant. Et les moutons ajoutent leurs bêlements pour le soleil matinal. Et comme le bœuf et l'âne, tous les animaux adorent et saluent leur créateur venu parmi eux en tant que Dieu et Homme.

Le chant et la lumière se dissipent graduellement et les anges montent au ciel...

Les bergers reviennent à eux-mêmes...
« Avez-vous entendu? »
« Devons-nous aller voir? »
« Et qu'en est-il des animaux? »
' Oh ! Rien ne leur arrivera ! Nous allons obéir à la parole de Dieu!... »
« Mais où irons-nous? »
"N'a-t-il pas dit qu'Il est né aujourd'hui ? Et qu'ils n'ont pas trouvé de gîtes à Bethléem?' dit Elias ' viens avec moi, je sais où Il est. J'ai vu la femme et j'ai eu pitié d'elle. Je leur ai dit où aller pour son bien et j'ai donné à l'homme un peu de lait pour elle. Elle est si jeune et belle...et elle doit être aussi bonne et aussi gentille que l'ange qui nous a parlé. Venez, allons chercher du lait, du fromage, des agneaux et des peaux tannées. Ils doivent être très pauvres... et je me demande comment il doit avoir froid, celui dont je n'ose pas citer le nom ! Et imaginez ! J'ai parlé à la mère comme j'aurai pu parler à une pauvre femme!...'

Ils remontent dans le hangar et reviennent sous peu avec des petits flacons de lait, des petits fromages entiers dans des filets, des agneaux bêlant dans des paniers et des peaux tannées.

Ils ferment le hangar et partent avec des torches au clair de lune sur les sentiers de campagne parmi les buissons épineux dénudés par l'hiver. Ils prennent une route secondaire autour de Bethléem, trouvant d'abord la Sainte famille, sans passer les autres écuries. Les douze d'entre eux approchent le trou.
« Entre ».
« Je n'oserais pas! »
« Toi entre ».
« Non »

« Jette au moins un coup d'œil. »
« Toi, Levi, tu as vu l'ange avant nous, sans doute parce que tu es meilleur que nous le sommes. Regarde à l'intérieur "
Levi hésite. Puis il se décide, s'approche du trou, tire le manteau un peu sur le côté et regarde à l'intérieur... et reste ravi.
« Qu'est-ce que tu vois? » chuchotent-ils avec impatience.
"Je vois une belle jeune femme et un homme penchés sur une crèche et j'entends...j'entends un petit bébé qui pleure et la femme lui parle d'une voix... oh ! Quelle voix! »
« Qu'est-ce qu'elle dit? »
"Elle dit "Jésus, mon petit ! Jésus, l'amour de ta maman ! Ne pleure pas, petit-fils". Elle dit: "Oh! Si seulement je pouvais te dire « prend un peu de lait, mon petit ». « Mais je n'en ai pas encore. » Elle dit "Tu es si froid, mon amour ! Et le foin te picote ! Comme c'est douloureux pour ta maman de t'entendre pleurer ainsi, sans être en mesure de t'aider! » Elle dit: "Dors, mon âme à moi ! Parce que cela brise mon cœur de t'entendre pleurer et de voir tes larmes!" et elle l'embrasse, et elle doit réchauffer ses petits pieds avec ses mains car elle est pliée avec les bras dans la crèche. »
"Appelle-la ! Qu'ils t'entendent. »
"Je ne veux pas. Vous devez l'appeler parce que vous nous avez emmenés ici et vous la connaissez! "
Elias ouvre la bouche, mais il gémit seulement faiblement. Joseph se retourne et vient à la porte.
« Qui es-tu? », Demande-t-il.
"Des bergers... Nous vous avons apporté de la nourriture et peu de laine. Nous sommes venus pour adorer le Sauveur. »
« Entrez ».

Les hommes les plus âgés poussent les plus jeunes devant eux et ils entrent tous, éclairant l'étable avec leurs torches.

« Entrez », dit Marie, se retournant et souriant. « Entrez» dit-elle encore, toujours en souriant et en les invitant de la main. Elle tire Levi près d'elle à côté de la crèche et il regarde et est heureux. Joseph invite aussi les autres, qui se présenter avec leurs dons et les placent aux pieds de marie avec quelques mots. Puis ils regardent le bébé qui pleure un peu et ils sourient, émus et heureux.

« Mère, prend cette laine » dit l'un des bergers les plus audacieux ' il est doux et propre. Je l'ai préparé pour mon enfant qui est sur le point de naître. Mais je vous l'offre. Posez votre fils dans cette laine. Ce sera doux et chaud. »

Marie accepte la belle et douce laine de moutons épaisse et blanche, soulève Jésus et met la laine autour de lui. Puis elle le montre aux bergers qui, à genoux, regardent avec extase !

Maintenant, devenant plus audacieux, un autre Berger suggère: "il faut lui donner une gorgée de lait. Mieux encore, de l'eau et du miel. Mais nous n'avons pas de miel. Nous le donnons aux petits bébés. J'ai sept enfants, et je sais... »

"Il y a ici un peu de lait. Prend le, Femme. »

« Mais il fait froid. Il devrait être chaud. Où est Elie ? Il a les moutons. »
Mais les brebis sont dehors avec Elias qui regarde le trou, invisible à cause de l'obscurité

« Qui vous a conduit ici? »
« Un ange nous a dit de venir et Elias nous a montré la voie. Mais où est-il maintenant? "

Le mouton bêle, déclarant sa présence.
' Entre. Tu le voulais. »
Elias arrive avec les moutons et ils le regardent tous, l'embarrassant.
« C'est vous! », dit Joseph, le reconnaissant comme étant le berger qui leur a donné du lait sur la route. Marie sourit en lui disant: « Vous êtes bon. »

Ils traient la brebis, plonge l'ourlet d'un morceau de tissu dans le lait crémeux et chaud et Marie humidifie les lèvres du bébé qui suce la crème douce, ce qui le rend tout sourire. Et ils sourient encore plus quand Jésus s'endort dans la laine chaude, avec un morceau de linge toujours entre ses lèvres.

« Mais vous ne pouvez pas rester ici. Il fait froid et humide. Et...Il y a est une trop forte odeur d'animaux. Ce n'est pas bon... ce n'est pas bon pour le Sauveur. »

« Je sais », acquiesce Marie avec un profond soupir. « Mais il n'y a pas de place pour nous à Bethléem ».
' Prend espoir femme. Nous allons vous trouver une maison. »
« Je vais parler à ma maîtresse », explique Elias, elle est bonne. Elle vous recevra même si elle devait vous donner sa propre chambre. Dès que la lumière du jour est là, je lui dis. sa maison est pleine de gens, mais elle vous trouvera une pièce pour vous. »

« Pour mon enfant au moins. Joseph et moi pouvons nous allonger sur le sol. Mais pour le petit... "

"Ne t'inquiétez pas femme. Nous la verrons. Et nous dirons à beaucoup de gens ce qu'on nous a dit. Vous ne manquerez de rien. Pour l'instant, prenez ce que nous, pauvres bergers, pouvons vous offrir... »

"Nous sommes trop pauvres... et nous ne pouvons pas vous récompenser", dit Joseph.

' Oh ! Nous n'en voulons pas! Même si vous pouvez vous le permettre, on ne voudrait pas. Le Seigneur nous a déjà récompensés. Il a promis la paix à tous. L'ange a dit: « paix aux hommes de bonne volonté ». Mais il nous a déjà donné parce que l'ange dit que cet enfant est le Sauveur, qu'il est le Christ, le Seigneur. Nous sommes pauvres et ignorants, mais nous savons que les prophètes disent que le Sauveur sera le Prince de la paix. Et il nous a dit de venir l'adorer. C'est pourquoi il nous a donné sa paix. Gloire à Dieu dans le plus haut des cieux et gloire à son Christ ici. Et tu es béni, femme, qui lui a donné naissance: Tu es Sainte, parce que tu as mérité de le porter. Donnez-nous des ordres comme notre Reine parce que nous serons heureux de vous servir. Que pouvons-nous faire pour vous? »

« Vous pouvez aimer mon fils et toujours chérir les mêmes pensées que vous avez maintenant ».

« Mais qu'en en est-il de vous ? Est-il quelque chose que vous désirez ? Vous n'avez aucun membre de votre famille que vous souhaitez informer qu'il est né? "

"Si, j'en ai. Mais ils sont loin d'ici, à Hébron,... »

« J'irai », dit Elias « qui sont-ils? »

« Zachariah le prêtre et ma cousine Elizabeth. »

' Zachariah ? Oh ! Je le connais bien. Je vais en haut de ces montagnes dans les mois d'été car les pâturages y sont riches et beaux, et je suis ami avec son berger. Quand je sais que vous êtes installés, j'irai à Zachariah. »

« Merci Elias ».

"S'il vous plaît ne me remerciez pas. C'est un grand honneur pour moi, un pauvre berger, d'aller parler au prêtre et lui dire: « Le Sauveur est né ». "

' Non. Vous devez lui dire "ta cousine, Marie de Nazareth, dit que Jésus est né, et que vous devez venir à Bethléem»

« Je dirai cela. »

"Que Dieu vous récompense. Je me souviendrai de vous Elias, et de chacun d'entre vous. »

"Parlerez-vous de nous à votre bébé?"
«Certainement. »

« Je suis Elias. »
« Et je suis Levi ».
« Et je suis Samuel. »
« Et moi Jonas. »
« Et moi Isaac. »
« Et moi Tobias. »
« Et moi Jonathan. »
« Et moi Daniel. »
« Et moi Siméon. »
« Mon nom est John. »

« Je suis Joseph et mon frère Benjamin. Nous sommes jumeaux. »

« Je me souviendrai de vos noms. »

« Nous devons partir... mais nous reviendrons... et nous amènerons d'autres gens pour l'adorer. »

'Comment pouvons-nous revenir à nos moutons, laissant l'enfant?'
« Que Dieu soit glorifié, qui nous l'a montré. »

« Allez-vous nous laisser baiser sa robe? » demande Levi avec un sourire angélique.
Marie soulève doucement Jésus et s'assoit avec lui sur le foin. Puis elle enveloppe ses pieds minuscules avec un linge et leur offre pour être embrassée. Et les bergers s'inclinent par terre et baisent les minuscules pieds voilés par le linge. Ceux qui ont une barbe la nettoient d'abord, et presque tout le monde pleure. Joseph se penche sur la crèche et adore. Quand il est temps de partir, les bergers marchent à reculons, laissant leurs cœurs ici...

La Circoncision

Dès le moment de l'Annonciation, Marie a médité sur les souffrances en magasin pour son doux fils et sa connaissance de l'écriture étant profonde, cette douleur, anticipé et prévu, est pour elle un état de martyre prolongé.

Mais au sujet de la circoncision de son enfant, elle n'a pas encore reçu d'éclaircissement sur la volonté du Père éternel. La prudence et humilité l'empêche de demander à Dieu ou les anges qui les gardent à tout moment, mais elle prie pour l'illumination.

Elle sait que la circoncision est un rite institué pour purifier le nouveau-né des péchés originels, tandis que le nourrisson divin est entièrement exempt de ce péché et son amour maternel espère exempter son fils si possible, mais elle pense que comme son fils est venu pour honorer et confirmer sa loi par l'exemple et pour souffrir pour l'Homme, il serait contraint par son amour brûlant à subir les douleurs de la circoncision.

Puis elle consulte Joseph sur la question et ils sont d'accord que l'heure fixée pour la circoncision est arrivé et comme ils n'ont pas reçus d'ordre contraire, il est nécessaire de se conformer à la volonté de Dieu qui se manifeste dans la loi commune bien que comme Dieu, le verbe incarné n'est pas soumis à la Loi, mais comme homme, et comme parfait enseignant et Sauveur, il aimerait se conformer aux autres hommes dans l'accomplissement de cette loi.

Joseph demande à Marie comment la circoncision doit avoir lieu et Marie exprime son souhait de ne pas remettre son fils à une autre personne mais d'elle-même le tenir dans ses bras. La délicatesse du bébé le rendrait plus sensibles à la douleur que les autres enfants, et donc ils se procurent des médicaments apaisant pour ses douleurs, un vaisseau de cristal pour la relique sacrée de la circoncision et Marie prépare quelques linges pour éponger le sang sacré qui sera versé pour la première fois pour la rédemption de l'Homme afin que pas une seule goutte ne soit être perdue ou tombe sur le sol.

Joseph informe le prêtre et lui demande de venir à la grotte où, comme un ministre capable et digne, il peut avec ses mains sacerdotales, effectuer le rite.

Ensuite, Marie et Joseph prennent conseil concernant le nom à donner à l'enfant divin à la circoncision. « Ma Dame », dit Joseph "Quand l'ange m'a informé de ce grand Sacrement, il m'a aussi dit que votre fils sacré doit être appelé « Jésus »."

« Ce même nom m'a été révélé quand il a pris chair dans

mon ventre ; et ainsi recevant ce nom du Très-Haut par la bouche de ses ministres, il est opportun de nous conformer à l'humble révérence avec la sagesse infinie et que nous l'appelions « Jésus ». "

Tandis que Joseph et Marie conversent, d'innombrables anges sous formes humaines visibles descendent d'en haut, dans la grotte, revêtue de vêtements brillants, magnifiquement brodés de rouge. Ils ont des palmes dans leurs mains et des couronnes sur leurs têtes et créent un éclat plus brillant que plusieurs soleils. Plus brillants que tout est le blason qu'ils portent sur leurs seins, une gravure au nom de « Jésus ».L'éclat de ce blason surpasse celle de tous les anges réunis et la variété et la beauté de cette gravure est à la fois rare et exquise.

Gardant les yeux fixés sur l'enfant dans les bras de sa mère, les anges se séparent en deux chœurs dans la grotte, dirigés par Michael et Gabriel, qui brillent d'une plus grande splendeur que les autres, portant dans leurs mains le nom « Jésus », écrit sur des cartes chatoyantes d'une beauté incomparable.

Michael et Gabriel s'adressent à Marie, assistée de Joseph, en disant :

« Dame, ceci est le nom de votre fils, écrit dans l'esprit de Dieu depuis l'éternité pour votre fils unique, notre Seigneur, comme signe de Salut pour l'humanité ; Il régnera triomphant sur le trône de David ; Ses ennemis seront son marchepied et ses amis, il réunira dans la gloire de sa main droite. Et tout cela au prix de bien des souffrances et du sang...

même maintenant il le portera dans la réception de ce nom... et ce sera le début de sa souffrance dans l'obéissance à la volonté de son Père éternel...

....Nous tous sommes venus comme esprits tutélaires nommés et envoyés par la Sainte Trinité pour attendre l'Unique du Père et de vous-même.

....Nous l'accompagnerons et l'administrerons jusqu'à ce qu'il monte triomphalement à la Jérusalem céleste et ouvre les portes du ciel ; ...après, nous jouirons d'une gloire spéciale au-delà de celle des autres bienheureux, à qui une telle commission n'a pas été donnée. »

Joseph comprend les mystères de la rédemption plus que la plupart des hommes, mais il ne les comprend pas aussi bien que Marie.

Le jour de la circoncision, le prêtre vient accompagné de deux fonctionnaires, à la grotte où il trouve le bébé dans les bras de sa mère. Le prêtre est d'abord étonné par la grossièreté du logement mais Marie les accueille et s'entretient avec une telle modestie et une telle grâce que leur retenue se transforme bientôt en admiration envers sa calme et noble Majesté, qui lui fait s'interroger sur le contraste avec un cadre aussi pauvre. Et il a touché par la dévotion et la tendresse et il procède à son devoir de circoncire l'enfant.

Au moment de sa circoncision, le Dieu - Enfant offre trois sacrifices d'amour à son
Père au nom de l'humanité : il assume librement la condition d'un pécheur, se soumettant à un rite institué comme un remède pour le péché originel. Il offre sa volonté de souffrir la douleur de la circoncision en tant que vrai et parfait homme. Enfin, il offre son amour pour la race humaine, pour laquelle il perd ce sang rendant grâce au Père éternel de lui avoir donné une nature capable de souffrir pour sa gloire.

Le couteau pour la circoncision est fait de silex, et la douleur causée par la blessure est intense. Fidèle à sa nature humaine, l'enfant fond en larmes, mais malgré la finesse de sa peau et la grossièreté du couteau, les larmes du nourrisson sont surtout causées par sa tristesse causée par sa connaissance surnaturelle de la dureté de cœur des hommes, plus inflexible que le silex.

Les premiers fruits de son sang, offert par le verbe incarné sont acceptés par le père comme gage qu'il donnerait tout pour effacer la dette du fils d'Adam.

Marie perçoit ces actes intérieurs de Jésus, agissant comme mère de concert avec son fils, dans sa souffrance. Et elle pleure comme si d'amour réciproque et de compassion, mère et enfant s'accrochant l'un à l'autre... Elle lui caresse sur son sein virginal et récupère la relique sacrée et le sang tombant dans une serviette.

Le prêtre demande ensuite quel nom ils souhaitent donner à l'enfant. Marie se tourne vers Joseph et Joseph se tourne vers elle, puis ils disent en même temps

« JESUS est son nom. »

« Les parents sont unanimement d'accord, et grand est le nom qu'ils donnent à l'enfant », dit le prêtre.

Et il saisit le nom dans le registre des noms des enfants. Mais alors qu'il est écrit le nom, il est soudainement bouleversé et verse des larmes abondantes, bien qu'il ne puisse comprendre ni expliquer pourquoi. Puis il dit « cet enfant sera un grand prophète du Seigneur. Prenez soin en l'élevant et dites moi de quelle manière je peux soulager vos besoins. »

Le couple Saint le remercie gracieusement, lui offre des bougies et quelques autres articles et puis le libère.
Ils appliquent les soins qu'ils ont acquis sur les plaies de Jésus, et alors qu'il guérit, Marie le tient dans ses bras, jour et nuit et ne se sépare pas de lui pour même un instant.

La Visite de Zachariah

Zachariah est venu à la maison hospitalière où la Sainte famille a emménagé. La propriétaire accoure dans le Hall et accueille les invités qui arrivent. Elle les mène à une porte, frappe et puis se retire discrètement.

Joseph ouvre la porte et pousse un cri de joie quand il voit Zachariah. Il mène Zachariah dans une petite pièce, aussi petite qu'un corridor ' Marie allaite le bébé. Elle ne sera pas longue ", dit Joseph. Il a fait place à Zachariah sur son canapé « assieds-toi » dit-il, « Tu dois être fatigué. »

Zachariah s'assied et Joseph s'assoit à côté de lui.

« Comment va le petit John? » demande Joseph
"Il est devient aussi fort qu'un un petit poulain. Mais il fait maintenant ses dents et il souffre un peu, c'est pourquoi nous ne voulions pas l'emmener. Il fait très froid, c'est pourquoi Elizabeth n'est pas venue non plus. Elle ne pouvait pas le laisser sans lait. Elle était très déçue, mais la saison est si rude!

»

« Elle est rude, en effet! » Reconnaît Joseph

« L'homme que vous m'avez envoyé a dit que vous étiez sans-abri quand il est né. Vous devez avoir beaucoup souffert. »

"Oui, beaucoup. Mais nos craintes étaient supérieures à notre mal-être. Nous avons eu peur pour sa santé. Et nous avons dû y rester pendant les premiers jours. Nous ne manquions de rien parce que les bergers répandirent la bonne nouvelle aux habitants de Bethléem et beaucoup d'entre eux nous ont fait des cadeaux. Mais nous n'avions pas de maison... pas même une chambre décente... un lit... et Jésus écria tellement, surtout pendant la nuit, parce que le vent a soufflé de toutes les directions. J'allumais un petit feu... seulement un petit car la fumée faisait tousser Jésus... et il faisait froid quand même. Deux animaux ne donnent pas beaucoup de chaleur, surtout lorsque l'air froid vient de tous les côtés!... ....Nous avons n'eut aucune eau chaude pour le laver. Ni de vêtements secs pour le changer. Oui, il a souffert beaucoup ! ...Et Marie a souffert de le voir souffrir. J'ai souffert... alors tu peux imaginer l'angoisse de sa mère ! Elle l'a nourri avec du lait et des larmes... du lait et de l'amour. Les choses vont beaucoup mieux ici maintenant. ...Je lui avais fait un berceau très confortable et Marie l'avait équipé d'un petit matelas mou. Mais c'est à Nazareth ! Ah ! S'il était né là-bas, choses auraient été bien différentes! »

« Mais le Christ devait naître à Bethléem. Tel était la prophétie »

Marie entend leurs voix et entre, entièrement vêtue de laine blanche, sans voile et tenant Jésus dans ses bras, endormi dans ses langes blancs.

Zachariah se lève avec révérence et s'incline en adoration. Puis, avec égards, s'approche, s'inclinant en hommage à l'enfant que Marie lui montre. Et puis, toujours en l'adorant, Zachariah le prend, dans le geste d'un prêtre brandissant l'hôte déjà offert aux hommes comme nourriture pour l'amour et la rédemption... et qui sera sacrifié. Puis Zachariah le rend à Marie.

Ils s'assoient tous.

Zachariah explique encore une fois à Marie pourquoi Elizabeth n'est pas venu et comme elle était déçue. "Au cours des derniers mois, elle a fait quelques draps pour votre fils béni. Je les ai amenés. Ils sont dans le wagon en bas. "dit Zachariah, se levant pour aller les chercher.

Il revient avec un grand paquet et un petit.
Joseph le soulage du plus lourd. Zachariah déballe les cadeaux du petit paquet: une douce couverture de laine tissée à la main, quelques linges et des petites robes.
Et du plus grand paquet: du miel, de la farine blanche comme neige, du beurre, des pommes pour Marie, des gâteaux cuits par Elizabeth et de nombreux autres objets d'amour maternel de la cousine reconnaissante pour la jeune maman.

"Dis s'il-te-plaît à Elizabeth que je lui suis très reconnaissante, comme je le suis envers toi. J'aurais été si heureux de la voir, mais je comprends la situation. Et j'aurais aussi aimé voir le petit John... "dit Marie à Zachariah.

"Mais tu le verras au printemps. Nous viendrons vous voir. »

« Nazareth est trop loin », remarque Joseph.

"Nazareth ? Mais vous devez rester ici. Le Messie doit grandir à Bethléem. C'est la ville de David. Le Très-Haut, par la volonté de César, l'a amené à la ville dans la terre de David, la Terre Sainte de Judée. Pourquoi l'emmener à Nazareth ? Vous savez quelle opinion les Juifs ont sur les Nazaréens. Cet enfant doit être, à l'avenir, le Sauveur de son peuple. La ville capitale ne doit pas mépriser son roi parce qu'il vient d'une terre méprisée. Vous savez aussi bien que moi à quel point les Sanhédrins sont décevant et à quel point ses trois castes principales sont snobs...

......Et puis, ici, près de chez moi, je serai en mesure de vous aider d'une façon ou d'une autre et mettre tout ce que j'ai, non pas tant dans les choses matérielles, mais plutôt en tant que dons moraux, au service de ce Bébé Nouveau-Né...

....Et quand il sera assez vieux pour comprendre, je serai très heureux d'être son professeur... comme que je le serai pour mon propre fils, afin que plus tard, quand il sera grand, il me bénira...

....Nous devons considérer qu'il est destiné à grandes choses... et donc il doit être en mesure de se présenter au monde avec tous les moyens nécessaires pour gagner à son jeu...

...Il possédera certainement la sagesse. Mais le simple fait qu'il fut instruit par un prêtre le rendra plus agréable aux les Scribes et les Pharisiens difficiles et facilitera sa mission. »

Marie regarde Joseph et Joseph regarde Marie dans un échange silencieux de questions au-dessus de la tête rose innocente de l'Enfant endormi. Et ce sont des questions pleines de tristesse comme Marie pense à sa petite maison et Joseph à son travail. Et ils se demandent tous deux comment ils vont repartir d'ici, où seulement quelques jours auparavant, ils étaient complètement inconnus. Ici, ils n'ont aucune des choses chers qu'ils ont laissé à la maison, qu'ils avaient préparés avec tant d'amour pour l'enfant.

'Comment pouvons-nous faire cela?' demande Marie ' nous avons tout laissé là-bas. Joseph a travaillé tellement dur pour mon Jésus, n'épargnant ni travail, ni argent ; Il a travaillé pendant la nuit, alors que pendant la journée, il pouvait travailler pour d'autres et ainsi gagner assez pour acheter le meilleur bois, la laine la plus douce, le linge de maison le plus beau et tout préparer pour Jésus..., il a construit des ruches et même travaillé comme maçon à modifier la maison afin que le berceau puisse monter dans ma chambre et y reste jusqu'à ce que Jésus ait grandi et le berceau pourrait ensuite être remplacé par un lit, parce que Jésus va rester avec moi jusqu'à ce qu'il est soit adolescent. »

« Joseph peux-tu aller chercher ce que tu as laissé là-bas. »

« Et où allons-nous le mettre ? Tu sais, Zachariah, nous sommes pauvres. Nous avons uniquement notre travail et notre maison. Et ils nous permettent tous deux de vivre sans faim. Mais ici... peut-être allons-nous trouver du travail. Mais nous aurons toujours le problème de la maison. Cette bonne femme ne peut pas nous offrir l'hospitalité pour toujours. Et je ne peux pas sacrifier Joseph plus qu'il ne s'est déjà lui-même sacrifié pour ma cause ! »

' Oh ! Moi ! Ce n'est rien pour moi ! Je suis préoccupé par le chagrin de Marie...Son chagrin de ne pas vivre dans sa propre maison... "
Deux grosses larmes coulent des yeux de Marie.

"Je pense que la maison doit lui être aussi cher à que le paradis à cause du mystère qui y a été accompli. Je parle peu, mais je comprends beaucoup. Je ne serais pas fâché si ce n'était pas pour cela. Je vais travailler deux fois plus, c'est tout. Je suis jeune et assez fort pour travailler deux fois plus que je le faisais et veiller à tout. Et si Marie ne souffre pas trop... et si tu dis que nous devons faire ainsi...et bien, me voici. Je ferai tout ce que tu penses être le mieux. Si cela aide Jésus. »

"Cela va certainement aider. Réfléchis-y et tu en verras les raisons. »

« On dit aussi que le Messie sera appelé Nazaréen... » objecte Marie.

"Vrai. Mais au moins, jusqu'à ce qu'il est grandi, qu'il grandisse dans la Judée. Le prophète dit: « et toi, Bethléem Ephrata, sera le plus grand, parce que de toi le Sauveur viendra. » Il ne parle pas de Nazareth. Peut-être que ce titre lui a été donné pour une raison qui nous est inconnue. Mais il s'agit de sa terre. "

« C'est ce que tu dis, toi le prêtre, et nous...nous vous écoutons avec le cœur triste et nous te croyons. Mais comme c'est douloureux!...Quand verrai-je cette maison où je suis devenue une mère? » Demande Marie, pleurant silencieusement.

La Présentation de Jésus au Temple

Comme un père est enclin à répéter maintes et maintes fois, ce qu'il a aimé, alors la Loi de la présentation des fils aînés a été créée afin que les justes d'Israël puissent sanctifier pour toujours leurs fils premiers-nés à Dieu le père, dans l'espoir que l'un de ces fils premiers-nés sera l'homme-Dieu avec qui Dieu est à la fois le père et l'Elu. Marie le comprend cela et à la veille de la présentation, Marie prie le père dit :

« Mon Seigneur et Dieu le Très-Haut, le Père de mon Seigneur, un jour de fête pour le ciel et la terre sera celui lors duquel je vais apporter et vous offrir dans votre Saint Temple, l'hôte vivant et le Trésor de votre divinité. Riche, O mon Seigneur et Dieu, est cette offrande, et vous pouvez déverser, en retour, votre miséricorde sur la race humaine ; pardonnez les pécheurs, consolez les affligés, aidez les nécessiteux, enrichissez les pauvres, renforcez les faibles, éclairez les aveugles et accueillez ceux qui sont éloignés. C'est ce que je demande en vous offrant, votre Unique, qui, par votre condensation miséricordieuse, est également le fils. Si vous avez me l'avez donné en tant que Dieu, je vous le retourne en tant que Dieu et Homme. Sa valeur est infinie, et ce que je vous demande est bien moindre. Dans l'opulence je retournerai à votre Saint Temple d'où je suis parti pauvre. Et mon âme vous magnifiera pour toujours parce que votre

main droite divine s'est montrée envers moi si libérale et puissante. »

La Sainte famille partit pour le Temple accompagnés comme ils l'étaient toujours par leur garde forte de dix mille anges et de quatre mille supplémentaires, envoyés du paradis pour l'occasion.

Marie, vêtue de blanc, avec un manteau bleu pâle et un voile blanc sur la tête, descend avec précaution un escalier extérieur d'une maison modeste à Bethléem, portant avec le plus grand soin, dans ses bras, son enfant enveloppé dans du tissu blanc.

Joseph, dans une tunique marron clair et un manteau de même couleur, attend au pied de l'escalier avec un petit âne gris. Il regarde Marie qui s'approche et lui sourit. Lorsque Marie l'a atteint, il met la bride de l'âne sur son bras gauche et prend l'enfant endormi pendant un moment alors que Marie s'installe sur la selle de l'âne. Puis lui rend Jésus et ils partirent pour le Temple de Jérusalem.

Joseph tenant la bride à la main, marche à côté de Marie, gardant l'âne droit sur le chemin dégagé pour l'éviter de trébucher. Marie étend du bord de son manteau sur Jésus, sur ses genoux, pour le garder au chaud. Alors qu'ils vont, le couple parle peu mais ils se sourient souvent. C'est une route sinueuse dans un pays rendue stérile par les rigueurs de l'hiver et il y a peu de voyageurs sur la route.

Ils entrent dans la ville par une porte et continuent sur le trottoir cassé de la route étroite qui court, légèrement en montée, entre les hautes maisons étroites aux portes basses et seulement quelques fenêtres sur la route. Plus haut, beaucoup de fins bandeaux de ciel bleu pointent entre les terrasses.

Il y a beaucoup de cris et de nombreuses personnes dans les rues ; certains à pied, certains à dos d'âne, d'autres ânes sont chargés et une foule suit une caravane de chameaux encombrante.

La Sainte famille progresse irrégulièrement comme le trafic amène l'âne à s'arrêter et redémarrer souvent, et les trous dans la chaussée, où les pierres sont manquantes, amènent le pauvre animal à tressauter en permanence, ce qui rend mal à l'aise la mère et l'enfant.

Une patrouille romaine passe avec un grand cliquetis des sabots et de bras et disparaît au-delà d'une arche construite au-dessus d'un étroit chemin pierreux.

Joseph tourne à gauche sur un chemin plus large, plus agréable, et les murs de Jérusalem émergent au bout de la rue.

Alors que l'âne halte près de la porte, Marie démonte.

Joseph donne quelques pièces de monnaie à un petit bonhomme qui s'est approché de lui, pour du foin et de l'eau qui qu'il tire avec un seau d'un puits rustique dans le coin. Il nourrit l'âne et rejoint Marie et ils entrent tous deux dans l'enceinte du Temple.

Ils vont vers une arcade avec des marchands vendant des agneaux et des colombes et des changeurs d'argent. Ces marchands, Jésus les dispersera un jour. Pour l'instant, Joseph achète deux petits pigeons blancs et puis ils vont vers une porte large ornée sur le côté, avec huit marches, comme toutes les portes semblent avoir, parce que le centre du Temple est élevé plus haut que ses environs.

À l'intérieur, il y a un grand hall avec des autels rectangulaires à droite et à gauche. Les sommets des autels sont comme des bassins avec les cercles extérieurs supérieurs à ceux de l'intérieur de quelques centimètres.

Un prêtre s'approche et Marie offre ses deux petits pigeons et une poignée de pièces et le prêtre l'arrose avec de l'eau Lustrale. Puis, elle accompagne le prêtre dans l'antichambre du Temple.

C'est une grande salle ornée avec des têtes d'anges sculptés et des palmiers qui ornent les colonnes, les murs et le plafond. La lumière s'infiltre à travers les fenêtres longues et étroites placées en diagonale dans les murs.

Marie s'avance et s'arrête à quelques mètres d'une volée d'escaliers qui mènent à un autel, au-delà duquel est le Saint des Saints - le Tabernacle - où seuls les prêtres peuvent aller.

Jésus, maintenant éveillé, tourne ses yeux innocents vers le prêtre auquel Marie l'offre, avec le regard étonné des nourrissons âgés de quelques jours. Le prêtre le prend dans ses bras et monte en haut de l'escalier, à l'autel.

Marie commence à prier et devient immédiatement immergée dans une vision interne, bien qu'extérieurement, elle reste pleinement présente. Joseph sent aussi la douce présence du Saint-Esprit qui le remplit de joie et de lumière divine.

Le prêtre élève Jésus, bras complètement tendus, vers le Saint des Saints, et Marie entend une voix dans sa vision qui dit :

« C'est mon fils bien-aimé, en qui je me complais »

La présentation terminée, le prêtre ramène l'enfant et le remet à sa mère et puis s'en va.

Un homme courbé, un petit vieil homme parmi un groupe de spectateurs, fait son chemin, s'appuyant sur un bâton. Simeon doit être âgés de plus de quatre-vingts ans. C'est un simple croyant, un Saint homme, pas un prêtre. Il voit la Sainte famille, entourée par la lumière de l'Esprit Saint et il vient à Marie et lui demande de lui donner l'enfant un instant et Marie s'exécute, souriante.

Siméon prend l'enfant, l'embrasse et Jésus lui offre son sourire de bébé et regarde avec curiosité le vieil homme parce que le vieil homme pleure et rit en même temps, les larmes formant une broderie étincelante qui coule sur son visage ridé et perlant dans sa longue barbe blanche que Jésus s'étend pour toucher.

Marie et Joseph sourient. Et ainsi font les autres qui louent la beauté de l'enfant.

« Voici cet enfant important pour la chute et la résurrection de beaucoup en Israël. Et pour un signe, qui doit être contredit. » Siméon dit.

Et puis à Marie, ajoute-t-il 'et ta propre âme, une épée percera, de nombreux cœurs, les pensées seront dévoilées.

Quand Siméon mentionne l'épée et le signe de contradiction, Jésus, incline sa tête de bébé, comme un acte intérieur de l'obéissance au père.

Joseph est étonné par les mots de Siméon tandis que Marie remarque l'acte de d'obéissance Jésus au père et est profondément émue. Et quand Simon mentionne le chagrin, son sourire s'estompe et elle devient pâle. Bien qu'elle le sache déjà, ce mot perce son âme et toute la joie de Marie est transformé en tristesse, parce que c'est à ce moment qu'Elle apprend plus distinctement et de façon plus détaillée quelles souffrances et quelle mort cruelle L'attend ; qu'il sera persécuté dans tous les sens, son enseignement contredit et pas cru, sa réputation bien que noble - d'ascendance royale - va être méprisée, il sera considéré comme un paysan, bien qu'il soit la Sagesse elle-même, il sera traité comme un Ignorant, un fou, un ivrogne, un glouton, un ami des publicains et des pécheurs et appelé un faux prophète. Il sera traité comme un hérétique, un sorcier et appelé un possédé par des démons pour chasser les démons.

Il aura les yeux bandés, sera raillé, son Saint visage battu et profané. Il sera appelé un blasphémateur en prétendant être le fils de Dieu, et de lui ils diront qu'il est coupable de mort, il sera réputé tellement notoirement méchant que les Juifs diront à Pilate qu'aucun procès n'est nécessaire pour le condamner à mort.

Elle se rapproche de Joseph pour du réconfort et appuie son enfant sur sa poitrine avec passion.

Certains dans la foule sont aussi émus, d'autres surpris, mais d'autres, dont certains membres du Sanhédrin, rient des paroles du vieil homme, hochant la tête en regardent le vieillard avec des regards pitoyables, le pensant fou.

« Femme », dit Anna de Phanuel, ' celui qui a donné un Sauveur à son peuple, ne manquera pas du pouvoir d'envoyer son ange pour consoler tes larmes. Les grandes femmes d'Israël, n'ont jamais manqué de l'aide du Seigneur, et vous êtes beaucoup plus grande que Judith et Jaël. Notre Dieu vous donnera un cœur d'or pur pour résister à la tempête de la douleur, afin que vous soyez la femme la plus grande de la création : la mère. Et votre enfant, souvient-toi de moi à l'heure de ta mission. »

Par ces deux saints vieillards, le témoignage public de la venue du Rédempteur est donné au monde.

La Berceuse de Marie

Marie pose ses travaux de tricot pour donner le sein et changer les vêtements de Jésus âgé de six mois dans leur petite chambre à Bethléem, où il y a aussi son métier à tisser.

Dehors, le soleil couchant a coloré le ciel clair avec de nombreux nuages dorés. Des troupeaux dans les pâturages font leur chemin vers leurs enclos, marchant dans la dernière herbe de la prairie fleurie, bêlant la tête levée.

Jésus est fatigué, mais un peu agité, comme s'il souffrait de quelques problèmes de dentition ou autre maladie de l'enfance.

Marie lui chante une douce berceuse, un vrai chant de Noël, d'une voix claire et pure pour l'apaiser et l'endormir

«De petits nuages dorés – semblables aux troupeaux du Seigneur

Dans la prairie pleine de fleurs – un autre troupeau regarde.

Mais si j'avais tous les troupeaux – qui existent dans le monde,

Mon agneau chéri – tu seras toujours.

Dors, dors, dors, dors,

Ne pleure plus...

Beaucoup d'étoiles scintillantes – brillent dans le ciel.

Puissent tes yeux doux – ne plus verser de larmes.

Tes yeux de saphir – sont les étoiles de mon cœur.

Tes larmes Me font pleurer – oh ! ne pleure plus.

Dors, dors, dors, dors,

Ne pleure plus...

Tous les anges brillant – qui sont au Paradis,

Former une couronne autour de toi, Enfant innocent – ravis par ton visage.

Mais tu pleures pour que ta Maman - Maman, Maman, Maman.

Te chante une berceuse – la, la, la, la, la.

Dors, dors, dors, dors,

Ne pleure plus...

Le ciel sera bientôt rouge – et le matin sera bientôt de retour,

Et maman ne se repose pas – pour s'assurer que tu ne pleures pas.

« Mama » réveillé tu m'appelleras – « Fils », je te répondrai.

Un baiser d'amour et de vie – je te donnerai avec ma poitrine.

Dors, dors, dors, dors,

Ne pleure plus...

Tu as besoin de ta Maman – également quand tu rêves du paradis.

Viens, viens donc ! Sous mon voile – je te ferai dormir.

Ma poitrine est ton oreiller – mes bras ton berceau,

Ne crains rien, mon chéri, je suis ici avec toi... Dors, dors, dors, dors,

Ne pleure plus...

Je serai toujours avec toi – tu es la vie de mon cœur

Il dort comme une fleur – reposant sur ma poitrine, il dort

Pas de bruit ! – Son père peut-être, il voit,

Et cette vision essuie les larmes – de mon doux Jésus.

Il dort, dort, dort, dort,

Et Il ne pleure plus... »

Elle chante avec tant de grâce et d'amour, et sa voix est tellement indescriptiblement pure que la douce mélodie semble invoquer le Paradis lui-même. Et Elle berce l'enfant très doucement comme Elle chante.

Mais Jésus ne semble pas s'apaiser alors elle le reprend dans ses bras et, assise près de la fenêtre ouverte avec le berceau à ses côtés, et se balançant légèrement au rythme de la chanson, elle répète la berceuse encore une fois, deux fois, jusqu'à ce que Jésus ferme ses petits yeux, tourne la tête sur le sein de sa mère et s'endorme ainsi, avec sa tête appuyée sur la chaleur accueillante du sein de sa mère, une main aussi sur sa poitrine, près de sa joue rose, et l'autre détendue sur ses genoux. Et ainsi il dort, à l'ombre du voile de sa mère.

Puis Marie se lève, le dépose avec soin dans le berceau, le couvre avec de petits linges, étend un voile afin de le protéger des mouches et de l'air frais et puis reste là, contemplant son trésor endormi. Elle est toujours inclinée avec une main sur le berceau, prête à le bercer s'il venait à se réveiller, l'autre reposant sur son cœur, souriant joyeusement alors qu'à l'extérieur le silence et obscurité tombent et s'insinuent dans sa petite chambre virginale.

L'Adoration des Mages

De retour à la nuit où Jésus est né, un ange amène les nouvelles en Asie méridionale, en Mongolie et dans la région du Nil. Sorti de l'air, l'ange forme une étoile glorieuse qui, bien que plus petite que les étoiles du paradis, est disposée plus proche de la terre et donc beaucoup plus visible. L'étoile se veut un guide pour amener les élus à Bethléem pour adorer. Se déplaçant de nuit seulement, pendant de nombreux mois, avec sa plus belle lumière, il illumine le ciel de nuit et de jour, il mêle sa lumière à celle du soleil.

Il est tard dans la nuit à Bethléem, les rues sont désertes et le clair de lune argenté fait ressembler la petite ville à une couvée de poules dormant sous les étoiles.

La lumière devient plus lumineuse, descendant d'un ciel d'Est bondé d'étoiles si brillantes, si grandes et qui semblent tellement basses qu'il est possible de s'étirer et d'atteindre ces fleurs scintillantes dans l'obscurité de velours de la voûte céleste.
Une étoile unique, bien plus grande que la lune, avance dans le ciel de Bethléem, éclipsant toutes les autres étoiles comme

une reine qui passe devant ses servantes dans une gloire lumineuse. L'étoile ressemble à une énorme sphère de saphir pâle, allumée de l'intérieur par son propre soleil et elle émet une traînée de lumière spectrale avec diverses nuances d'opales opalescents ; de topazes blonds, d'émeraudes vert, clignote rouge sang des rubis et scintille doucement d'un mélange d'améthystes avec du saphir pâle prédominant. La trainée ondulant rapidement qui balaie le ciel est animée par toutes les couleurs de toutes les pierres précieuses de la terre. Mais la teinte pâle céleste de saphir, émanant de la sphère, passe par-dessus les maisons, les rues, les terres de Bethléem - le berceau du Sauveur, ce qui lui donne une teinte bleue argentée qui transforme la pauvre ville en une fantastique ville argentée d'un conte de fées et transforme l'eau de ses fontaines et autres flots en diamant liquide.

Avec un rayonnement lumineux plus intense, l'étoile s'immobilise au-dessus de la petite maison sur le côté le plus étroit de la place. Mais les habitants de la maison, comme les gens de Bethléem, sont tous endormis derrière des portes closes. L'étoile accélère ses pulsations brillantes causant la trainée à vibrer et onduler de plus en plus rapidement dans un demi-cercle dans le ciel nocturne, dessinant un filet d'étoiles pleines de bijoux précieux brillants et colorés dans les teintes les plus gracieuses et illuminant le ciel dans une danse joyeuse.

La petite maison est transfigurée par le feu liquide des gemmes ; le toit de la petite terrasse, les marches de pierres sombres, la petite porte, sont comme des blocs d'argent pur aspergé de poussière de diamant et de perle qu'aucun Palais royal sur la terre n'a, ni n'aura, jamais; construit pour l'usage des anges et par la Mère de Dieu.

Mais la Vierge, éveillée et ignorant, est à genoux, priant près du berceau de son fils. Il y a des splendeurs dans son âme qui surpassent de loin la splendeur qui est à l'extérieur.
De la route principale, une cavalcade de chevaux harnachés conduits à la main, de dromadaires et de chameaux portant des cavaliers ou transportant des charges, approchent avec des battements de sabot comme le bruissement de l'eau d'un torrent qui se brise contre les pierres. Lorsqu'ils atteignent la place, ils s'arrêtent tous.

Dans cette lumière d'étoile, la cavalcade ressemble à un fantasme de splendeur des harnais des montures les plus riches, les vêtements des cavaliers, leurs visages, leurs bagages... tout brille. Et l'éclat de l'étoile augmente l'éclat des métaux, des cuirs, de la soie, des pierres précieuses et des manteaux. Leurs yeux sont radiants et leur bouches souriantes car une autre splendeur brille dans leur cœur : une splendeur de joie surnaturelle.

Trois membres de la caravane démontent et se dirigent vers la petite maison, tandis que les serviteurs mènent rapidement les animaux dans la cour de l'auberge des voyageurs.
Les trois hommes se prosternent sur le sol avec leur front et embrassent le sol. De leur tenue vestimentaire très riche, il est clair qu'ils sont des hommes de pouvoir. L'un d'eux, au teint très foncé, qui est descendu d'un chameau, est enveloppé dans un sciamma - un vêtement éthiopien - de soie pure et lumineuse, tenu à la taille par une ceinture précieuse qui tient également un long poignard ou peut-être une épée avec une poignée incrustée de bijoux.

Des deux autres, qui sont tous deux arrivés sur de

magnifiques chevaux, un porte une magnifique robe avec des rayures jaunes prédominantes, façonné comme un long manteau large avec une capuche et un cordon avec de broderies dorées très riches de manière à ce qu'il ressemble à un filigrane d'or.
Le troisième homme est vêtu d'une chemise de soie qui bouffe d'un long grand pantalon, étroit à la cheville, et il est enveloppé dans un châle très fin qui ressemble à un jardin de fleurs, tellement les fleurs qui l'ornent sont brillantes. Sur sa tête, il porte un turban, maintenu en place par une petite chaîne couverte d'insertions de diamant.

Ils finissent d'adorer le sol à l'extérieur de la maison où le Sauveur se trouve et retournent à l'Auberge des voyageurs où les serviteurs ont frappé et sont entrés.

Quelques heures plus tard, quand le soleil est brillant dans le ciel de l'après-midi, un serviteur sort de l'Auberge des voyageurs et traverse la place jusqu'à la petite maison où il grimpe les escaliers et entre. Quelques instants plus tard, il sort à nouveau et retourne à l'auberge.

Un quart d'heure plus tard, les trois rois mages sortent de l'auberge, chacun suivie de son propre serviteur. Les rois mages sont plus richement vêtus qu'ils ne l'étaient la veille ; leurs soies brillent, les pierres précieuses scintillent, un gros tas de plumes sur un turban, est incrustée d'éclats précieux.

Alors qu'ils marchent solennellement sur la place, quelques passants s'arrêtent et regardent.

Un des serviteurs transporte un coffre ornementé renforcé d'or gravé

Le deuxième serviteur porte un beau calice avec une finition fine et un couvercle d'or pur, aussi finement fini.

Le troisième serviteur a une large amphore basse dorée avec un couvercle en forme de pyramide surmontée d'un diamant. Les expressions sur les visages des serviteurs montrent que les cadeaux qu'ils portent sont lourds mais le serviteur avec le coffre semble porter le plus lourd de tous.

Ils grimpent les marches et entrent dans une pièce qui s'étend de la route, à l'avant, jusqu'à l'arrière de la maison. La lumière du soleil s'infiltre à travers une fenêtre à l'arrière, par laquelle on voit le petit potager. Des portes dans les deux autres murs, les propriétaires de la maison-un homme, une femme, des garçons et des enfants plus jeunes, jettent des regards obliques.

Marie est assise avec Jésus sur ses genoux et Joseph debout à ses côtés mais elle se lève et s'incline lorsque les mages entrent.

Elle porte une longue robe blanche qui atteint ses chevilles et ses poignets minces et ses tresses blondes forment une couronne sur son beau visage, maintenant un peu plus rose avec l'émotion.
« Que Dieu soit avec vous », dit Marie aux Mages, ses yeux souriant doucement.

Les trois rois mages s'arrêtent complètement pendant un

instant, étonné. Puis ils s'avancent et se prosternent à ses pieds.
Puis ils lui demandent de s'asseoir.

Marie demande aux mages de s'asseoir, mais ils restent agenouillés, détendus sur leurs talons. Les trois valets avancent les trois cadeaux et les placent devant les rois mages. Puis ils reviennent au seuil et se mettent à genoux derrière leurs maîtres.

Les trois rois mages contemplent le Jésus âgé de neuf mois, assis sur les genoux de sa mère, souriant et babillant d'une voix aiguë, comme un petit oiseau. Il est vif et fort et porte une simple tunique blanche de laquelle ses pieds blancs agités portant des sandales dépassent. Ses petites mains potelées voudraient tout attraper. Il a le plus beau des petits visages, avec deux yeux brillants bleus foncés, des joues orange et une jolie bouche qui montre ses premières dents minuscules quand il sourit. Et ses jolies boucles sont si brillantes qu'elles semblent de la poussière d'or.

Au nom de tous les trois, le plus ancien des mages explique à Marie qu'un soir de décembre précédent, ils ont vu une étoile exceptionnellement brillante dans le ciel. L'étoile n'est ni connue ni n'a jamais été mentionnée dans les cartes du ciel auparavant ; son nom est inconnu, car elle n'a pas de nom.

Née du sein de Dieu, elle a prospéré pour dire aux hommes une vérité bénie, un secret de Dieu. Mais les hommes ne prêtent aucune attention à elle parce que leurs âmes sont plongées dans la boue. Ils ne lèvent ni les yeux sur Dieu, ni peuvent-ils lire les mots qu'il écrit avec des étoiles de feu dans la voûte céleste. Puisse-t-il être béni éternellement.

Les trois Mages voient l'étoile et font d'immenses efforts pour comprendre sa signification ; renonçant avec plaisir à dormir et oubliant même leur nourriture, ils se consacrent entièrement à l'étude du zodiaque ; l'alignement des étoiles, le temps, la saison et l'heure. Et la combinaison de tout cela leur a dit que le nom de l'étoile est le « Messie »
Et son secret: « Le Messie est venu au monde. »

Et ils partirent pour l'adorer, chacun d'eux inconnus aux autres ; des Indes méridionales - la Turquie, l'Afghanistan et la Perse d'aujourd'hui. Les chaînes de montagne mongoles qui sont la domination des aigles et des vautours, où Dieu parle avec le vent rugissant et les torrents et écrit des paroles de mystère sur les immenses pages des glaciers. Et d'où le Nil émerge et coule avec ses eaux bleues vertes vers le cœur bleu azur de la Méditerranée.

Ils franchissent des montagnes et des vallées, des rivières et des déserts ; des vastes océans plus dangereux que les mers, voyageant de nuit, en direction de la Palestine, parce que l'étoile les mène dans cette direction. Chacun d'entre eux est inconnu aux autres. Et pour chacun d'eux, à trois endroits différents sur la terre, l'étoile va dans cette direction.
Et puis ils se rencontrent au-delà de la mer morte, où la volonté de Dieu les a rassemblé et commencent à discuter entre eux de ce qu'ils avaient vu, la révélation qu'ils avaient reçue et un quels étaient leurs plans et constatent que leurs histoires sont identiques. Et ils continuent donc ensemble. Et même si chacun d'eux s'exprime dans sa propre langue, ils se comprennent les uns les autres par un miracle du Père l'Éternel - une anticipation du miracle de la Pentecôte qui va se passer plus de trente-trois ans plus tard.

Ils vont à Jérusalem parce que le Messie doit être le roi des Juifs. Mais quand ils y arrivent, l'étoile se cache par-dessus le ciel de cette ville. Et ils sentent leurs cœurs qui se rompent de douleur. Et ils s'évaluent eux-mêmes pour voir s'ils ont failli à mériter Dieu mais leurs consciences les rassurent.
Alors ils vont au roi Hérode et lui demandent de leur dire dans quel Palais royal le roi des Juifs est né afin qu'ils puissent aller l'adorer.

Hérode réunit les chefs des prêtres et des scribes et leur demande où pourrait être naît le Messie et ils répondent « À Bethléem, en Judée. »

Alors, ils viennent vers Bethléem et dès qu'ils quittent la ville

sainte, l'étoile leur réapparaît à nouveau.
La nuit avant leur entrée à Bethléem, la luminosité de l'étoile augmente, et tout le ciel est en feu.

Puis, l'étoile s'arrête au-dessus de cette maison, engloutissant toute la lumière des autres étoiles de sa lumière. Et alors ils comprennent que le Bébé Divin Nouveau-Né est ici.

Et maintenant, ils sont en train de l'adorer, offrant leurs dons et, surtout, leur cœur, qui ne cesse de remercier Dieu pour la grâce qu'Il leur a donné.

Ni ne cesseront-ils jamais d'aimer son fils, dont ils ont maintenant vu le corps humain sacré.
Plus tard, ils prévoient de retourner au roi Hérode, parce qu'il veut aussi l'adorer.

En attendant, Voici de l'or, ce qui sied à un roi.

Voici de l'encens, qui sied à un Dieu.

Il vivra l'amertume de la chair, l'amertume de la vie humaine et la loi inévitable de la mort. Nos âmes, remplis comme ils sont d'amour, préfèrent ne pas prononcer ces mots et pensent plutôt que sa chair sera éternelle comme l'est son esprit. Mais, femme, si nos écrits, et surtout nos âmes, ont raison, il est votre fils, le Sauveur, le Christ de Dieu. Et alors pour sauver le monde, il va devoir prendre sur lui, le mal du monde, duquel la mort est une des punitions.

Cette myrrhe est pour cette heure. Pour que sa chair Sainte ne puisse pas être soumise à la pourriture de la décomposition, mais puisse être conservé entier jusqu'à sa résurrection. En raison de ce don, puisse-t-il se rappeler de nous et sauver ses serviteurs en leur permettant d'entrer dans son Royaume.

Entre temps, afin que nous puissions être sanctifiés, allez-vous, mère, confier notre amour à votre tout-petit afin que sa bénédiction céleste puisse descendre sur nous pendant que nous embrassons ses pieds ?

Cachant la tristesse causée par les paroles du mage, Marie offre l'enfant ; elle le dépose dans les bras du plus vieux mage qui l'embrasse et reçoit ses caresses de Jésus. Et puis il le tend aux deux autres.

Jésus sourit et joue avec leurs petites chaînes et les franges de leurs robes. Il regarde curieusement le coffre ouvert rempli d'une substance jaune étincelante et sourit à l'arc-en-ciel produit par le soleil qui brille sur le scintillant couvercle de la myrrhe.

Puis ils rendent l'enfant à Marie et se lèvent. Marie aussi se lève et ils se saluent les uns les autres après que le plus jeune ait donné un ordre au serviteur qui sort.

Les trois hommes continuent à parler pendant un moment. Ils ne peuvent pas se faire à l'idée de quitter la maison. Des larmes brillent dans leurs yeux, mais enfin, ils se déplacent vers la porte, accompagnée par Marie et Joseph.

Jésus veut descendre et donner sa main au plus ancien des trois. Et il marche donc, tenue par les mains de Marie et du Mage, qui tous deux se baissent pour le stabiliser. Jésus marche d'un pas hésitant, comme tous les enfants, et il rit, jetant ses petits pieds sur la bande de sol éclairé par le soleil.

La chambre couvre la longueur de la maison, cela prend un certain temps avant qu'ils n'atteignent le seuil où les mages s'agenouillent de nouveau et embrassent les pieds de Jésus.

Marie, se penchant sur l'enfant, prend sa main et la guide dans un geste de bénédiction au-dessus de la tête de chaque homme sage, dans un signe de Croix tracé par les petits doigts Jésus, guidés par Marie.

Les mages descendent les marches jusqu'à à leur caravane qui les attend, où les montants des chevaux brillent dans le soleil couchant. Des gens se sont rassemblés sur la petite place pour regarder ce spectacle inhabituel.

Joseph descend avec les mages et tient l'étrier alors que chacun d'eux montent sur leurs chevaux et chameaux.

Marie soulève Jésus sur le large parapet du palier et le tient contre sa poitrine avec son bras pour l'empêcher de tomber, et Jésus rit, frappant dans ses mains.

Serviteurs et maîtres sont maintenant tous montés et quelqu'un donne l'ordre de départ.
Les mages s'inclinent une fois de plus aussi bas que le cou de leurs montures dans un dernier geste d'hommage. Joseph s'incline. Marie s'incline, et puis elle guide la main de Jésus à nouveau dans un geste d'adieu et de bénédiction.

s

FIN

Si vous avez apprécié ce livre, s'il vous plaît soumettre une critique. Nous apprécions vos commentaires Merci!

Extraits des Sequel

L'Enfance de Jésus

....

Le son de Joseph travaillant dans son atelier de Nazareth dérive dans le silence de la salle à manger où Marie cout des bandes de laine qu'elle a elle-même tissés. Ces bandes, qui sont d'environ un mètre et demi sur trois mètres de long, elle envisage d'en faire un manteau pour Joseph.

Des haies hérissées de petites marguerites violet-bleu en pleine floraison peuvent être vu à travers la porte ouverte qui mène dans le potager, annonçant l'automne, bien que les plantes dans le jardin soit encore épaisses et belles avec un feuillage vert.

Des abeilles de deux ruches appuyées contre un mur ensoleillé volent au le soleil, un bourdonnant et dansant des figuiers aux vignes et puis sur le grenadier chargé de fruits ronds, dont certains ont déjà éclatés par croissance excessive, découvrant des ficelles de rubis juteuses alignées à l'intérieur de corps vert-rouge, divisés en sections jaunes.

Jésus, sa petite tête blonde comme un éclat de lumière, joue sous les arbres avec deux garçons, ses cousins James et Judas, qui à peu près de son âge. Ils ont les cheveux bouclés, mais ils ne sont pas blonds.

L'un, au contraire, a des boucles très sombres qui rendent son petit visage rond encore plus blanc et deux très beaux, yeux violet-bleu grand ouverts.

L'autre est moins bouclé et ses cheveux sont brun foncé, ses yeux brun aussi et son teint plus sombre, avec une teinte rosée sur ses joues.

Les trois enfants jouent aux boutiques en parfaite harmonie avec les petits chariots dans lesquelles se trouvent divers articles : feuilles, petites pierres, copeaux de bois, petits morceaux de bois.

Jésus est celui qui achète des choses pour sa maman, à qui il amène maintenant une chose, puis une autre. Marie accepte tous les achats avec le sourire.

Puis le jeu change. James, l'un des deux cousins propose: « nous devons jouer à l'exode d'Égypte. Jésus sera Moïse, je serai Aaron et toi... Marie. '

« Mais je suis un garçon ! » proteste de Judas.

"Ça ne fait rien. C'est pareil. Tu es Marie, tu dois danser devant le veau d'or et le veau d'or c'est cette ruche là-bas. '

"Je ne vais pas danser. Je suis un homme et je ne veux pas être une femme. Je suis un croyant fidèle et je ne vais pas danser devant une idole. '

Jésus les interrompt: ' Ne jouons pas cette partie. Nous devrions jouer celle-ci : quand Joshua est élu successeur de Moïse. Alors, il n'y aura pas un terrible péché d'idolâtrie et Judas sera heureux d'être un homme et mon successeur. Es-tu heureux? »

"Oui, je le suis, Jésus. Mais alors, tu devras mourir, parce que Moïse meurt par la suite. Mais je ne veux pas que tu meurs ; Tu as toujours été si attaché à moi. »

"Tout le monde meurt... mais avant de mourir, je vais bénir Israël, et puisque vous êtes les seuls ici, je vais bénir l'ensemble d'Israël en vous. '

Ils sont d'accord. Il y a une discussion : le peuple d'Israël, après avoir beaucoup voyagé, avait-il encore les mêmes charrettes que lorsqu'ils ont quitté l'Égypte. Il y a une divergence d'opinion.

Ils en appellent à Marie. « Maman, je dis que les Israélites avaient encore les charrettes. James dit qu'ils ne les avaient plus. Judas ne sait pas. Qui a raison. Le sais-tu? '

« Oui, mon fils. Les peuples nomades avaient encore leurs charrettes. Ils les ont réparés quand ils se sont arrêtés pour reposer. Les personnes les plus faibles voyageaient dessus et aussi les denrées alimentaires et les nombreuses choses qui étaient nécessaires pour tant de gens ont été chargées dessus. À l'exception de l'arche, qui a été exécutée à la main, tout le reste était sur les chariots. '

La question ayant maintenant été répondu, les enfants

descendent jusqu'au fond du verger et de là, chantant des Psaumes, ils viennent vers la maison, avec Jésus dans le chant de Psaumes principal avec sa douce voix argentée, suivi de Judas et de James tenant un petit panier élevé au rang de Tabernacle.

Mais puisqu'ils doivent également jouer le rôle du peuple, en plus d'Aaron et Joshua, avec leurs ceintures, ils ont attaché autres chariots miniature à leurs pieds et ainsi ils procèdent très sérieusement, comme de vrais acteurs.

Ils parcourent toute la longueur de la pergola et lorsqu'ils passent devant la porte de la chambre de Marie, Jésus dit: ' maman, loue l'arche quand elle passe. '
Marie se lève en souriant, et elle s'incline devant son fils qui passe, rayonnant dans le soleil.

Puis Jésus grimpe sur le côté de la montagne qui forme la limite extérieure du jardin, se tient debout sur le dessus de la petite grotte et parle à... Israël, répétant les ordres et les promesses de Dieu. Puis il Joshua nomme chef, l'appelle, et puis Judas à son tour monte en haut de la falaise. Jésus-Moïse encourage et bénit Judas-Joshua... et puis il demande une... tablette (une grande feuille de vigne), écrit le Cantique et le lit.
Il n'est pas tout à fait complet, mais il contient une grande partie de celui-ci, et il semble faire la lecture de la feuille. Puis il écarte Judas-Joshua qui l'embrasse en pleurant.
Jésus-Moïse monte alors plus haut, jusqu'au bord de la falaise et de là, bénit la totalité d'Israël, qui est les deux qui sont prostrées sur le sol. Ensuite, il s'allonge sur l'herbe rase, ferme ses yeux et... meurt.

Quand elle le voit encore sur le sol, Marie, qui a regardé de la porte en souriant, crie: « Jésus, Jésus ! Lève-toi! Ne te couche pas comme ça ! Ta maman ne veut pas te voir mort ! '

Jésus se lève en souriant, court vers elle et l'embrasse. James et Judas aussi descendent et reçoivent les caresses de Marie.

« Comment Jésus peut-il retenir ce cantique qui est si long et difficile et toutes ces bénédictions ? ' Demande James.

Marie sourit et répond : « sa mémoire est très bonne et il accorde beaucoup d'attention quand je lis. '

« Moi aussi, à l'école, je fais attention. Mais ensuite je deviens endormi avec tout le brouhaha... je n'apprendrai jamais alors ? '

« Tu vas apprendre, sois bon. '

On frappe à la porte et Joseph marcherapidement à travers le verger et la maison et l'ouvre.

« Paix à vous, Alphée et Marie » Joseph accueille son frère et sa belle-sœur, qui ont quitté leur charrette rustique et leur âne en bonne santé qui attend dans la rue à l'extérieur.

« Et à toi, et béni sois-tu! »

« Vous avez fait bon voyage? »

"Très bon. Et les enfants ? "
« Ils sont dans le jardin avec Marie ».

Mais les enfants sont venus saluer leur mère. Tout comme Marie, tenant Jésus par la main. Les deux belles-sœurs s'embrassent.

« Ont-ils été sages ? » demande la Marie d'Alphée

« Très sages et très gentils » répond Marie. «Les membres de la famille vont-ils tous bien ? »

« Oui, ils vont bien. Ils vous envoient leurs salutations. Et ils vous ont envoyé de nombreux cadeaux de Cana ; raisins, pommes, fromage, œufs, miel...
Et..Joseph?...J'ai trouvé exactement ce que tu voulais pour Jésus. C'est dans la charrette, dans le panier rond. » Ajoute la Marie d'Alphée, se penchant sur Jésus, qui la regarde avec ses yeux grands ouverts.
'.......Sais-tu ce que j'ai pour toi ? .....Devine. » demande-t-elle, embrassant ses deux bandes de ciel bleu.

Jésus réfléchit, mais il n'arrive pas à deviner... peut-être délibérément afin de donner à Joseph la joie de lui faire une surprise. Joseph, en fait, arrive, transportant un grand panier rond, il le pose sur le sol devant Jésus et délie la corde qui maintient le couvercle en place et le soulève... et un petit mouton blanc, un véritable troupeau de mousse, apparaît, dormant dans le foin propre.

« Oh! » s'exclame Jésus, joyeusement surpris et heureux. Il est sur le point de se précipiter vers le petit animal mais

alors se tourne et court vers Joseph, qui est toujours
penché au-dessus du panier, l'embrasse et le remercie.

Les deux petits cousins regardent avec admiration la petite
créature, qui est maintenant éveillée et soulève sa petite
tête rose, bêlant, à la recherche de sa mère. Ils le
transporter hors du panier et lui offrent une poignée de
trèfles et il les prend, en regardant alentour de ses yeux
doux.

"Pour moi ! Pour moi ! Merci père! "chante Jésus avec joie.

« L'aimes-tu à ce point! »

' Oh ! Beaucoup! » Blanc, propre... un petit agneau...Oh!
»Puis il jette ses petits bras autour du cou de la brebis, pose
sa tête blonde sur sa petite tête et reste ainsi, heureux.

« J'ai apporté deux autres, également pour vous » dit
Alphée à ses fils. "Mais ils sont foncés. Vous n'êtes pas tout
à fait aussi bien rangés que Jésus et vos moutons serait
toujours en désordre s'ils étaient blancs. Ils seront votre
troupeau ; vous les garderez ensemble et donc vous ne
traînerez plus dans les rues, petits garnements, en vous
jetant des pierres. »

Judas et James courent tous deux à la charrette et regardent
les deux petit moutons, qui sont plus noirs que blancs,
tandis que Jésus amène son mouton dans le jardin, lui
donne un peu d'eau à boire, et le petit animal de
compagnie le suit comme s'il l'avait connu depuis toujours.
Jésus l'attire à lui et l'appelle « Neige » et le mouton bêle

joyeusement en réponse.

Les invités s'assoient à la table et Marie leur offre du pain, des olives, du fromage et un bidon de liquide d'une couleur très pâle qui pourrait être de cidre ou de l'eau sucré avec du miel.

Les adultes conversent tandis que les trois garçons jouent avec leurs animaux de compagnie que Jésus veut réunis, pour qu'il puisse leur donner un nom et de l'eau.
« Le tien, Judas, s'appellera « Etoile », parce qu'il a une marque sur son front…Et le nom du tien sera « Flamme » parce qu'il a les couleurs flamboyantes de certaines bruyères foudroyantes. »

« D'accord ».

Les adultes parlent et Alphée dit « J'espère que j'ai résolu la question des querelles des garçons. J'ai eu l'idée par ta demande, Joseph. Je me suis dit: "mon frère veut un petit mouton pour Jésus afin qu'il puisse avoir quelque chose avec quoi jouer. Je vais en prendre deux de plus pour ces vilains garçons afin de les garder calmes et d'éviter des discussions continues avec d'autres parents à propos de bleus à la tête et de genoux écorchés… avec l'école et les moutons, je réussirai peut-être à les garder." Mais cette année, vous aussi, vous devrez envoyer Jésus à l'école. Il est temps »

« Je n'enverrai jamais Jésus à l'école. » dit Marie résolument. Il est tout à fait inhabituel de l'entendre parler ainsi et plus encore, de l'entendre parler devant Joseph.

' Pourquoi ? L'enfant doit apprendre pour être prêt au bon moment à passer son examen lorsqu'il vient en âge de le faire... "

« L'enfant sera prêt. Mais il n'ira pas à l'école. C'est assez établi. »

« Vous serez la seule femme en Israël à faire cela. »

"Je serai la seule. Mais c'est ce que je vais faire. N'est-ce pas juste, Joseph ? »

« Oui, c'est correct. Il n'y a aucun besoin pour Jésus d'aller à l'école. Marie a grandi dans le Temple, et elle connait la Loi comme n'importe quel médecin. Elle sera son professeur. C'est ce que je veux aussi. »

« Vous gâtez trop le garçon. »

"Vous ne pouvez pas dire cela. C'est le meilleur garçon à Nazareth. L'avez-vous déjà entendu pleurer, ou être méchant, ou être désobéissant ou manquer de respect? »

' Non, c'est vrai. Mais il va faire tout cela si vous continuez à le gâter. »

"Vous ne gâtez pas nécessairement vos enfants juste parce que vous les gardez à la maison. De les garder à la maison implique de les aimer avec bon sens et sans réserve. Et voilà comment nous aimons notre Jésus. Et étant donné que Marie est mieux éduquée qu'un enseignant, elle sera l'enseignante de Jésus. »

« Et quand votre Jésus sera un homme, il sera comme une petite femme stupide qui a peur même des mouches ».

"Il ne le sera pas. Marie est une femme forte et elle lui donnera une éducation virile. Je ne suis pas un lâche et je peux lui donner des exemples d'homme. Jésus est une créature sans défauts physiques ou moraux. Il va, par conséquent, grandir, droit et fort, aussi bien dans son corps que dans son esprit. Tu peux être sûr de cela, Alphée. ....Il ne sera pas une honte pour la famille...En tout cas, c'est ce que j'ai décidé, et c'est tout. »

« Peut-être que Marie a décidé et toi... »

"Et si c'était le cas ? N'est-il pas juste que deux qui s'aiment, doivent avoir les mêmes pensées et les mêmes souhaits, afin que chacun puisse accepter la volonté de l'autre comme si elles étaient les siennes?... Si Marie voulait des choses stupides, je lui dirais « non ». Mais elle demande quelque chose qui est plein de sagesse et je suis d'accord, et je le rends mien. On s'aime l'un l'autre, nous faisons comme nous l'avons fait le premier jour, et nous allons faire ainsi tant que nous vivrons. N'est-ce pas Marie? »

« Oui, Joseph. Et espérons que cela n'arrivera jamais, mais quand l'un doit mourir sans l'autre, nous continuerons encore à nous aimer. »

Joseph tapote Marie sur la tête comme si elle était une jeune fille et elle le regarde avec ses yeux d'amour serein.

« Vous avez parfaitement raison » s'accorde la Marie d'Alphée. "J'aimerais pouvoir enseigner ! Nos enfants apprennent aussi bien le bon que le mauvais à l'école. À la maison, ils n'apprennent que ce qui est bon. Mais je ne sais pas si... si Marie... »

« Qu'est-ce que tu veux, ma belle-sœur ? Exprime-toi librement. Tu sais que je t'aime et je suis heureuse quand je peux faire quelque chose qui te plaît. »

"Je pensais..,Jacques et Judas sont seulement un peu plus âgé que Jésus. Ils vont déjà à l'école... pour ce qu'ils ont appris!..,Jésus, connaît déjà la Loi si bien..,Je voudrais... heu, je veux dire, si je te demandai de les prendre aussi, quand tu enseignes à Jésus ? Selon moi, ils se comporteraient mieux et seraient mieux éduqués. Après tout, ils sont cousins, et il est juste qu'ils s'aiment mutuellement comme des frères. Oh ! Je serais tellement heureuse! "

« Si Joseph veut et si votre mari est d'accord, je suis tout à fait prête à le faire. C'est la même chose de parler à que de parler à trois. Et c'est une joie de parcourir toute la Bible. Laissez-les venir.'

Les trois enfants, qui sont entrés silencieusement, sont à l'écoute et attendent la décision finale.

« Ils vous conduiront au désespoir, Marie. » dit Alphée.

' Non ! Ils sont toujours sages avec moi. Vous serez sage si je vous enseigne, n'est-ce pas? »

Les deux garçons s'approchent et se tiennent de part et d'autre de Marie, plaçant leurs bras autour de ses épaules, leurs petites têtes s'appuyant sur ses épaules et promettent tout le bien dans le monde.

« Laisse-les essayer, Alphée et laisse-moi essayer. Je suis sûre que tu ne seras pas mécontent de l'essai. Ils peuvent venir tous les jours de la sixième heure (midi) jusqu'au soir (18 heures – au coucher du soleil). Ce sera assez, crois-moi. Je sais comment enseigner sans les fatiguer. Il faut retenir leur attention et les laissez se détendre en même temps. Il faut les comprendre, les aimer et être aimé par eux, si vous souhaitez obtenir de bons résultats. ....Et vous allez m'adorer, n'est-ce pas ?

Et Marie reçoit deux grosses bises en réponse.

« Tu vois? »

« Je vois. Je peux seulement dire: « Merci. » Et que dira Jésus quand il verra sa maman occupé avec d'autres ? Que diras-tu Jésus? »

"Je dit: « Heureux sont ceux qui l'écoutent et construisent leurs maisons près de la sienne. » En ce qui concerne la sagesse, heureux sont ceux qui sont les amis de ma mère, et je suis heureux que ceux que j'aime soient ses amis. »

« Mais qui met de tels mots sur les lèvres d'un enfant? » Demande l'Alphée, abasourdi.

« Personne, frère. Personne dans ce monde. »

Et donc, Marie devient le professeur de Jésus, Judas et James et les trois garçons, cousins, grandissent en s'aimant les uns les autre comme des frères, grandissant ensemble, « comme trois pousses, soutenus par un piquet »..., Jésus est son élève exactement comme ses cousins le sont. Et par le biais de ce semblant de vie normale, le « sceau » est conservé sur le secret de Dieu contre les enquêtes du malin.

www.ingramcontent.com/pod-product-compliance
Lightning Source LLC
Chambersburg PA
CBHW061333040426
42444CB00011B/2896